W0173050

Beiträge zu Evangelisation und Gemeindeentwicklung Praxis

Herausgegeben vom
Institut zur Erforschung
von Evangelisation und Gemeindeentwicklung
der Ernst-Moritz-Arndt-Universität Greifswald

Heinzpeter Hempelmann / Michael Herbst /
Markus Weimer (Hg.)

Gemeinde 2.0

Frische Formen für die Kirche von heute

Dieses Buch wurde auf FSC-zertifiziertem Papier gedruckt.
FSC (Forest Stewardship Council) ist eine nichtstaatliche,
gemeinnützige Organisation, die sich für eine ökologische und
sozialverantwortliche Nutzung der Wälder unserer Erde einsetzt.

Bibliografische Information der Deutschen Nationalbibliothek

Die Deutsche Nationalbibliothek verzeichnet diese Publikation in der Deutschen Nationalbibliografie; detaillierte bibliografische Daten sind im Internet
über http://dnb.d-nb.de abrufbar.

2. Auflage 2013

© 2011 Neukirchener Verlagsgesellschaft mbH, Neukirchen-Vluyn
Alle Rechte vorbehalten
Umschlaggestaltung: Hartmut Namislow / Andreas Sonnhüter
Umschlagabbildung: © dreamstime
Lektorat: Ekkehard Starke
DTP: Christiane Moldenhauer
Verwendete Schriften: Bookman, Frutiger
Gesamtherstellung: Hubert & Co., Göttingen
Printed in Germany
ISBN 978-3-7615-5886-7
www.neukirchener-verlage.de

Inhalt

Geleitwort von
Landesbischof Dr. Ulrich Fischer

Liebe Leserin, lieber Leser,

vom 10. bis 12. März 2011 fand in Filderstadt bei Stuttgart die Konferenz für Gemeinde-Innovation statt. Sie trug den Titel „Gemeinde 2.0 – Frische Formen für die Kirche von heute". Als Veranstalter für die Konferenz hatten sich das EKD-Zentrum für Mission in der Region der EKD, das ejw, das IEEG, die churchconvention, die Vineyard-Gemeinschaften und der Evangelische Kirchenbezirk Bernhausen zusammengefunden. Kooperationspartner waren die Evangelischen Landeskirchen in Baden und Württemberg.

Die Besucherinnen und Besucher erwartete ein inhaltlich prall gefülltes und auch breit gefächertes Programm. Über 350 ausführliche Rückmeldebögen mit überwiegend positiven Stellungnahmen zeugen davon, dass die Konferenz brennende Fragen der Weiterentwicklung kirchlicher Arbeit aufgegriffen hat: Welche neuen Formen von Gemeinde und Gemeindearbeit sind neben den bestehenden Formen nötig, um Menschen zu erreichen, die sich von ihrer Kirche entfernt oder sogar verabschiedet haben? Wie können Menschen mit der Botschaft des Evangeliums erreicht werden, die in Milieus zuhause sind, die aus soziologischer Sicht als kirchlich nicht erreichbar eingestuft werden? Was können wir in Deutschland von Kirchen in anderen Ländern lernen, um unsere Arbeit neu auszurichten?

Die vier Hauptreferate der Konferenz, die in diesem Band abgedruckt sind, versuchen, diese Fragen zu beantworten. Sie sind insbesondere im Zusammenklang lesenswert, weil sie aus vier unterschiedlichen Richtungen an die Thematik herangehen. Bei der Lektüre der vier Hauptreferate entsteht deshalb so etwas wie ein Vierklang, der die Tonart für zukunftsfähige Gemeindearbeit bilden kann:
 › Bischof Dr. Croft schildert in packender Weise praktische Erfahrungen kirchlicher Arbeit aus England. Er

berichtet von einem Aufbruch, den er als Bewegung hin zu den Menschen beschreibt und als „Fresh Expressions of Church" bezeichnet. Diese Bewegung ist motiviert durch die Bewegung Gottes auf uns Menschen zu, „Incarnational Mission" genannt. Neben die herkömmlichen kirchlichen Formen von Kirche setzt er neue Formen, um so von einer Komm- zu einer Geh-Struktur zu gelangen, die bei Bischof Dr. Croft „Mixed Economy" heißt.

- Prof. Dr. Hempelmann vom EKD-Zentrum Mission in der Region in Stuttgart setzt bei sozialwissenschaftlichen Erkenntnissen an. Für ihn sind die Ergebnisse der Milieuforschung Augenöffner. Wenn Mission zum Strukturprinzip von Kirche wird, muss diese Kirche neue Formen und Gestaltungsmöglichkeiten finden und sich auf den Weg zu den Menschen machen. Auch für Prof. Dr. Hempelmann ist die Inkarnation Gottes, seine Menschwerdung in Jesus Christus, Ausgangspunkt der Mission der Kirche.

- Bischof Dr. Cray bringt den Aspekt der Risiken ins Spiel, die Veränderungen bergen. Die Erfahrungen, die in England in dieser Hinsicht gemacht wurden, sind überwiegend positiv. Wichtig war dabei, dass der Veränderungsprozess grundlegend angegangen wurde. Missiologie fand Eingang in den Lehrplan für Theologiestudierende, und auch auf Gemeindeebene wurde missionarisches Handeln kreativ eingeübt. Auch Bischof Dr. Cray kommt zu dem Schluss, dass Mission der Kirche von der Inkarnation Jesu Christi her gedacht und umgesetzt werden muss.

- Prof. Dr. Herbst denkt über Wege der Kirche in die Zukunft nach. „Fresh Expressions" ist für ihn ein geistlicher Vorgang. Er benennt Kriterien, die konstitutiv sind. Eine neue Gestalt von Kirche braucht neben verlässlichen Rahmenbedingungen vor allem das Wirken des Heiligen Geistes. Der klare missionarische Fokus kirchlicher Arbeit gründet auch für Prof. Dr. Herbst in der Mission Gottes, der Menschwerdung Jesu Christi.

Gemeinde 2.0 – das heißt, den Blick zu öffnen für neue Formen kirchlicher Arbeit vor Ort. Neben bereits bekannte und praktizierte Formen von Kirche und Gemeinde müssen neue und kreative Formen treten, wenn Kirche auch in Zukunft für die Menschen da sein will. Wird Glaube als gedeutetes Leben verstanden, dann hat Kirche den Auftrag, Menschen dabei zu helfen, ihr Leben zu verstehen.

Dies geschieht auf der Grundlage der biblischen Botschaft, denn der Bibel ist nichts Menschliches fremd. Mission heißt in diesem Zusammenhang deshalb immer beides: das eigene Leben zu deuten und die Bedeutung der biblischen Botschaft für das eigene Leben zu erschließen. Dabei gilt es, in der konkreten kirchlichen Arbeit vor Ort Schwellen zu überschreiten, um missionarisch einladend wirken zu können: Schwellen zwischen unterschiedlichen Milieus, Schwellen zwischen verschiedenen kirchlichen Handlungsfeldern, Schwellen von Sprachlosigkeit im Glauben und Schwellen zwischen Ordinierten und Nichtordinierten in unserer Kirche müssen hinterfragt und angegangen werden, um „Fresh Expressions of Church" zu finden.

Dabei spielen neben kreativen Formen kirchlicher Arbeit auch lebendige geistliche Orte und Kirchengebäude missionarisch eine wichtige Rolle. Geöffnete Kirchen als Orte der Stille und lebendige geistliche Orte mit einem profilierten nicht-parochialen Angebot haben eine besondere Ausstrahlung und können zu Orten einladender Mission werden. Daneben sind das Gebet und die Sprachfähigkeit im Glauben wesentliche Bausteine einer einladenden Mission. Und schließlich muss auch der scheinbare Gegensatz von diakonischem und missionarischem Wirken überwunden werden. Wort und Tat gehören zusammen – das können wir nicht nur bei den Gründungsmüttern und -vätern der Diakonie lernen, sondern bei Jesus selbst. Auch er hat weder nur gepredigt noch nur Wunder gewirkt. Insofern ist einladende Mission immer auch „Incarnational Mission", die hoffentlich an vielen Orten unserer evangelischen Kirche zu „Fresh Expressions of Church" führt.

Eine anregende und inspirierende Lektüre wünscht Ihnen

Ulrich Fischer

Dr. Ulrich Fischer
Landesbischof

Geleitwort von
Landesbischof Dr. h.c. Frank Otfried July

Liebe Leserin, lieber Leser,

unsere sogenannte (nach-)moderne Gesellschaft zeigt schon lange kein einheitliches und leicht zu deutendes Bild mehr. Die moderne Sozialwissenschaft weist darauf hin, wie unterschiedlich die Lebensweisen und Lebensstile sind, in denen Menschen in verschiedenen „Lebenswelten" oft nebeneinander leben und kaum noch Bezug zueinander haben.
Diese Beschreibung der Gesellschaft finden wir auch in einer Kirche wieder, die ganz bewusst Volkskirche sein will.

Damit ergeben sich aber für die missionarische Aufgabe einer Volkskirche unabweisbare Fragen:
- Wen erreichen wir mit unseren herkömmlichen kirchlichen Angeboten – und wen nicht?
- Ist vielleicht auch unser kirchliches Leben vor Ort, so lebendig es ist und so missionarisch es sich versteht, deutlich begrenzt in seiner Ausstrahlungskraft und Reichweite?
- Wie erreichen wir die Menschen, die sich in unserer Gesellschaft im Milieu der Kirche nicht mehr heimisch fühlen?

Die Konferenz „Gemeinde 2.0 – Frische Formen für die Kirche von heute", die vom 10. bis 12. März 2011 in Filderstadt stattfand, hat ganz bewusst auf die analytischen und diagnostischen Instrumente der modernen Soziologie zurückgegriffen und sie uns als Sehhilfe empfohlen.

Wir haben als Evangelische Landeskirche in Württemberg (in Kooperation mit der Evangelischen Kirche in Baden) im Frühjahr die Milieudaten für den Raum unserer Landeskirche(n) angekauft, um dieses sozialwissenschaftliche Hilfsmittel gezielt nutzen zu können. Zudem gibt es in unserer Kirche mehrere Orte, wo Mitarbeiter des EKD-

Zentrums für Mission in der Region (Stuttgart u.a.) in Pilotprojekten gezielt Möglichkeiten milieuübergreifenden missionarischen Handelns ausloten, das auf kirchendemographischen Erhebungen basiert (das sog. „Projekt Mükke").

Es geht aber nicht nur um sozialwissenschaftliche Analysen und Diagnosen. Es geht ganz konkret um die Folgerungen, die wir für unser Denken über Kirche und unser Gestalten von Kirche daraus ziehen:

› Wie sieht Kirche aus, die wirklich bei den Menschen ist in ihren zerklüfteten und so unterschiedlichen Lebenswelten? Wir brauchen weiter als Rückgrat unserer Kirche, sozusagen als kirchliche Trägerstruktur, die Parochie, das heißt, die Kirchengemeinde im Quartier.

› Welche Ergänzungen, welche Akzente müssen hinzukommen? Wo müssen wir uns neu auf den Weg machen?

› Brauchen wir nicht ergänzend Gestalten von Kirche, mit denen wir bei den Menschen in ihren so unterschiedlichen Lebenswelten sind?

Das sind Fragen, die sehr weit führen. Es war ein konzeptionell überzeugender Zug der Konferenz „Gemeinde 2.0", dass sie nicht bei diesen Fragen stehen blieb, auch nicht Modelle vorstellte, die eher weniger für unsere deutschen kirchlichen Kontexte taugen, so sehr sie sich woanders auch bewähren.

Der Auftritt und die Mitarbeit der Schwestern und Brüder aus der Anglikanischen Kirche zeigte, wie unter volkskirchlichen Bedingungen und im Rahmen einer eher noch weiter fortgeschrittenen Säkularisierung solche Lebensweltorientierung von Kirche aussehen kann.

Es ist erstaunlich und ermutigend, wie die Church of England mit ihrer Traditionsorientierung missionarische Neuanfänge in vielen Gemeinden geschafft hat. Wir haben aus Württemberg (und Baden) zahlreiche Kontakte nach England. Wir wollen diese in Zukunft noch ausbauen, um von der Kirche von England mit ihren „Fresh Expressions of Church" Impulse für eigene Weiterarbeit zu empfangen.

Ich freue mich, dass diese wegweisende Konferenz im Großraum Stuttgart und damit auf dem Boden der Evangelischen Landeskirche in Württemberg stattfinden konnte.

Ich danke allen, die zu dieser Konferenz beigetragen haben. Zum weiteren Nachdenken, Diskutieren und Aufeinander-Hören kann dieser Dokumentationsband, der einige der wichtigsten Impulse versammelt, einen hilfreichen Beitrag leisten.

Ihr

Dr. h.c. Frank Otfried July
Landesbischof

Einführung

Markus Weimer

Sichtlich ergriffen erzählte mir ein Student während der Konferenz Gemeinde 2.0: „Endlich habe ich verstanden, was es mit den ‚Fresh Expressions of Church' (neuen Ausdrucksformen von Gemeinde) auf sich hat: Bisher dachte ich immer, es gehe um hippe und coole Jugendgemeinden. Nun habe ich es kapiert: Gemeinde 2.0 will nicht das bestehende Parochialsystem schlecht reden, sondern wirbt leidenschaftlich für eine Ergänzung. Diese Veränderung ist eben gerade keine Geschmackssache, sondern es geht hierbei um das Wesen, um das Herz unserer Kirche."
Mit drei herausfordernden Gedanken möchte ich den Herzschlag der Konferenz Gemeinde 2.0[1], die vom 10. bis 12. März 2011 in Filderstadt bei Stuttgart stattgefunden hat, wiedergeben und gleichzeitig den Weg dorthin skizzieren.

Hinaus ins Tiefe

Steven Croft forderte die 1100 Konferenzbesucher in seinem Eröffnungsvortrag in Anlehnung an den Fischzug des Petrus (Lukas 5,1-11) heraus und motivierte dazu, den seichten Hafen des Gemeindealltags zu verlassen und erneut ins Tiefe, ins Ungewisse, hinauszufahren. Das war damals der Auftrag an Petrus und muss heute im 21. Jahrhundert ganz neu von uns durchbuchstabiert werden. Denn viele unserer Kirchengemeinden sind in ihrem Umfeld zwar sehr engagiert und bieten eine reichhaltige Auswahl an Angeboten und Veranstaltungen, an denen Menschen teilnehmen können. Doch liegt eben hier auch das Problem: Wir sind eine „Veranstaltungskirche" und erwarten, dass die Menschen zu uns kommen. Und meist sogar, dass sie letztlich so werden wie wir – auch wenn wir das nicht laut aussprechen würden. Croft wertschätzte die

---

1 Vgl. http://www.gemeindezweinull.org (aufgesucht am 1.6.2011).

bestehende Vielfalt, gab aber auch zu bedenken, dass die Kirche sich dorthin bewegen muss, wo sich die Menschen tummeln. Dies ist herausfordernder, als es sich zunächst anhören mag. Denn: Wie kann ein Neuaufbruch gelingen, wo wir doch so mit dem Bestehenden beschäftigt sind – auch mit missionarischen Initiativen? Die Antwort des Petrus ist bis heute gültig: „Herr, auf dein Wort hin will ich die Netze auswerfen!" Der Auftrag Jesu führt uns dazu, dass wir das Zentrum der Gemeinde wieder mit dem Rand der Gesellschaft in Berührung bringen.

Blicken wir kurz zurück: Als sich am 27. Januar 2010 ein Trio – bestehend aus dem *Evangelischen Jugendwerk in Württemberg*, dem Netzwerk *churchconvention* und den *Vineyard-Gemeinschaften* in Württemberg – dazu entschloss, eine Konferenz zum Thema Gemeindeinnovation durchzuführen,[2] war noch nicht abzusehen, wohin die Reise führen würde. Ein wesentlicher Antrieb für die Kooperation war die Frage, wie das Evangelium von Jesus Christus im 21. Jahrhundert in einer sich immer stärker fragmentierenden Gesellschaft so formuliert werden kann, dass die Menschen in unterschiedlichen Milieus einen Zugang dazu finden können. Es war offensichtlich, dass dies nur dann gelingen kann, wenn die bereits bestehenden Bewegungen am Rand unserer Kirche und das Zentrum kirchlichen Lebens wieder miteinander ins Gespräch kommen.

Mit dieser Aufgabenstellung blieb man nicht lange zu dritt – genau genommen nur einen Tag. Das *Institut zur Erforschung von Evangelisation und Gemeindeentwicklung* der Universität Greifswald schloss sich dem Planungsprozess an und sagte seine Mitarbeit und breite Unterstützung zu. Wiederum wenige Wochen später wuchs das Quartett durch die Mitwirkung des *EKD-Zentrums Mission in der Region* und des *Kirchenbezirks Bernhausen* zu einem dynamischen Sextett.

In der sich anschließenden Zeit der Konferenzvorbereitung bewegten wir uns immer weiter hinaus ins Tiefe und erlebten, wie herausfordernd es ist, Neuland zu betreten. Es gab Phasen, in denen wir bei „ruhiger See" zügig Fahrt machen konnten. Doch auch manch stürmische Passage galt es zu überwinden. Während dieses Weges wuchs die bunte Mischung von Veranstaltern zu einer echten Gemeinschaft zusammen, die sich sehr darüber freute, dass

---

2 Unterstützt wurde diese Initiative durch das European Church Planting Network (ECPN), mit dem das Ev. Jugendwerk und die Vineyard-Gemeinschaften in engem Kontakt stehen.

die Evangelischen Landeskirchen in Baden und Württemberg diese Expedition als Kooperationspartner unterstützten.

Mission im Zentrum

Am Sonntag geht man in die Kirche! So war es lange Zeit üblich in unserem Land – zumindest für religiös musikalische Menschen. Im kirchlichen Kontext haben wir uns daran gewöhnt, den Gottesdienst als Zentrum des gemeindlichen Lebens zu verstehen. Karl-Ernst Nipkow hat aber zu Recht festgestellt: „Der sonntägliche Gemeindegottesdienst ist nur noch die Versammlung einer Minderheit."[3] Damit möchte ich keineswegs den Wert unserer Gottesdienste bestreiten. Dennoch sind wir aufgefordert, den Sendungsauftrag Jesu an seine Gemeinde, die Mission, neu ins Zentrum zu rücken und für unseren Ort durchzubuchstabieren. Wie können wir den Menschen wirklich in ihrer Lebenswelt begegnen (vgl. 1. Korinther 9,22)? Doch sicher nur da, wo wir uns mutig auf den Weg zu den Menschen machen.

Man mag sich fragen, warum ausgerechnet die Engländer uns auf dieser Reise wertvolle Tipps liefern können. Dies soll an dieser Stelle überblicksartig skizziert werden: Die Church of England hat den Prozess des Umdenkens nicht von heute auf morgen gelernt – auch nicht durch die Veröffentlichung des berühmt gewordenen Reports „Missionshaped Church".[4] Im Gegenteil: Der Transformationsprozess reicht weit über drei Dekaden zurück und war ein Weg voller Widerstände und Herausforderungen. Seit den 1960er Jahren ist die anglikanische Kirche in eine substantielle Krise gestürzt, die ihr Überleben ernsthaft in Frage stellte. Callum Brown analysiert in seinem aufrüttelnden Werk „The Death of Christian Britain"[5] den Wan-

---

3 Karl Ernst Nipkow: Bildung als Lebensbegleitung und Erneuerung, Gütersloh 1990, 129.
4 Vgl. Church House Publishing (Hg.): Mission-shaped Church. Church Planting and Fresh Expressions of Church in a Changing Context, London 2004. Auf Deutsch herausgegeben von Michael Herbst: Mission bringt Gemeinde in Form (BEG-Praxis), Neukirchen-Vluyn 3. Aufl. 2008.
5 Vgl. Callum G. Brown: The Death of Christian Britain. Understanding Secularization 1800-2000, London 2009. Die Einleitung enthält bereits die Kernthese seines Werkes: „This book is about the death of Christian Britain – the demise of the nation's core religious

del der religiösen Einstellung der Briten. „Seit 1956 sind die Erkennungsmerkmale des Religiösen in Großbritannien im Schwinden begriffen, und seit 1963 befinden sie sich im freien Fall."[6]
Zahlreiche Faktoren[7], wie z.b. die Ökumenebewegung, das Aufkommen von Zellgruppen, das verstärkte Engagement von Ehrenamtlichen, die charismatische Erneuerung und die liturgische Revision bereiteten den Boden für einen tiefgreifenden Veränderungsprozess. Dieser führte in den 1980er Jahren zunächst dazu, dass eine Rückbesinnung auf den Auftrag der Kirche stattfand, der mit den „Five Marks of Mission"(= Fünf Kennzeichen der Mission) pointiert formuliert wurde.[8] Unter der Regie von Erzbischof Robert Runcie wurde auf der Lambeth Conference 1988 eine „Dekade der Evangelisation" ausgerufen: „Diese Konferenz hat erkannt, dass Evangelisation die Kernaufgabe der Kirche ist, und fordert daher jede Provinz und Diözese der Anglikanischen Gemeinschaft dazu auf – in Kooperation mit anderen Christen –, die letzten Jahre dieses Millenniums zu einer ‚Dekade der Evangelisation' zu machen und mit Nachdruck aufs Neue und gemeinsam darauf hinzuwirken, dass Christus den Menschen seiner Welt bekannt gemacht werde."[9]

---

and moral identity. (...) It took several centuries (...) to convert Britain to Christianity, but it has taken less than forty years for the country to forsake it" (S. 1).
6 Callum G. Brown: The Death of Christian Britain, 188. „From 1956 all indices of religiosity in Britain start to decline, and from 1963 most enter free fall." Alle englischen Zitate wurde vom Verfasser ins Deutsche übersetzt. In den Fußnoten steht jeweils auch das Original zur Verfügung.
7 Hiermit nehme ich Bezug auf die Einschätzung von George Lings (Sheffield), die er in seinem Vortrag auf der Vorkonferenz zu Gemeinde 2.0 am 10.3.2011 formuliert hat.
8 Die ersten vier *Marks of Mission* wurden bereits 1984 vom Anglican Consultative Council (ACC6: Bonds of Affection, 1984, 49) formuliert. Im Jahr 1990 wurde die fünfte *Mark of Mission* hinzugefügt (ACC8: Mission in a Broken World, 1990, 101) und wenig später von der General Synod übernommen. Diese fünf Meilensteine der Mission sehen die Aufgabe der Kirche darin: 1. *to proclaim the good news of the kingdom*, 2. *to teach, baptize and nurture new believers*, 3. *to respond to human need by loving service*, 4. *to seek to transform unjust structures of society*, 5. *to strive to safeguard the integrity of creation and sustain and renew the earth.* (Vgl. http://www. anglicancommunion. org/ministry/mission/about.cfm – aufgesucht am 1.6.2011)
9 Church House Publishing (Hg.): The Truth shall make you free. The Lambeth Conference 1988. The Reports, Resolutions & Pastoral

Kritik an dieser missionarischen Initiative blieb nicht aus. „Die Dekade wurde oftmals schlecht beurteilt. Viele waren am Ende froh, an Hand der Statistik aufzeigen zu können, dass die Zahlen während dieser Zeit durchweg schrumpften."[10] Dennoch: Durch vielfältige Forschungsprojekte[11] und durch genaues Hinsehen und Hinhören begann sich der Kompass der Kirche in dieser Dekade neu zu justieren. Solche Veränderungsprozesse brauchen nicht nur gute Ideengeber und Innovatoren, sondern eben auch Zeit. „Es gibt keine schnellen Lösungen in Gottes Reich. Diejenigen, die bereit waren, die Dekade dazu zu nutzen, ihren Blick auf den ihren eigenen christlichen Gehorsam zu richten, verstanden das."[12] Im Verlauf der 1990er Jahre kam es hinsichtlich der Entwicklung von neuen Gemeindeformen zu einer unerwarteten Öffnung. Kurz nach seiner Wahl zum Erzbischof of Canterbury im Jahr 1991 formulierte es George Carey auf einer Konferenz beinahe prophetisch: „In Kürze wird die Zeit kommen, in der Bischöfe eine Strategie für Gemeindepflanzung entwickeln werden müssen."[13] Nur wenige Jahre später begann die Phase, in der sich die anglikanische Kirche auf ein neues und unbekanntes Terrain einließ. Seit 2004 werden in England neue Ausdrucksformen von Gemeinde („Fresh Expressions of Church") nicht nur geduldet, sondern aktiv seitens der Kirchenleitung unterstützt und gefördert. „Während der vergangenen 15 Jahre

---

Letters form the Bishops. Published 1988 for the Anglican Consultative Council, London 1988, 231. „This Conference, recognising that evangelism is the primary task given to the Church, asks each Province and diocese of the Anglican Communion, in co-operation with other Christians, to make the closing years of this millennium a ‚Decade of Evangelism' with a renewed and united emphasis on making Christ known to the people of his world."
10 Paul Bayes: Mission-shaped Church. Building Missionary Congregations, in: Grove Evangelism Series, No. 67, Cambridge 2005, 7. „The Decade has often received a bad press. Many were happy at its end to point to statistics showing numerical decline throughout it."
11 Exemplarisch sei an dieser Stelle auf die Studie von John Finney verwiesen: Finding Faith Today. How does it happen?, British and Foreign Bible Society, London 1992.
12 Paul Bayes: Mission-shaped Church, 7. „There are no quick fixes in God's economy, and all those who were prepared to use the Decade as a focus for their Christian obedience understood that."
13 George Carey: Church Planting, Ecclesiology and Mission, in: Bob Hopkins mit T. Anderson (Hg.): Planting New Churches. Guidelines and Structures for Developing Tomorrow's Church, Guildford 1991, 30. „The time will shortly come when bishops will have to develop a strategy for church planting."

befindet sich die Church of England auf einer Reise, auf der sie Mission in ihrer Gemeinschaft verortet hat und diese zum Herzschlag ihres Lebens werden lässt. Diese Unternehmung – die immer noch andauert – war zunächst eher rhetorisch geprägt, wurde dann aber zusehends zur Realität."[14] Diese Entwicklung lässt sich mittlerweile auch statistisch erfassen und ist eine Ermutigung für die ganze Bewegung. Bob Jackson, ein Experte in englischer Kirchenstatistik, kommt mit Blick auf den Church Census von 2005[15] zu einem ermutigenden Fazit: „Die Talfahrt wurde gebremst, und immer mehr einzelne Gemeinde befinden sich in einem Wachstumsprozess. Das Zahlenmaterial, das ich für die Church of England sehe, bestätigt dies tatsächlich. ‚Pulling out of the Nosedive' ist ein angemessener und gerechtfertigter Titel für einen Bericht mit einigen guten statistischen Neuigkeiten für alle Kirchen."[16] Der Weg hinaus ins Tiefe wird in unserem Kontext nur dann gelingen, wenn Mission nicht länger eine Tätigkeit unserer Gemeinden bleibt. Mission ist keine (punktuelle) Tätigkeit. Mission ist das Wesen der Kirche! Ohne Mission kann die Kirche nicht leben. Der Synodalbericht „Mission-shaped Church" bringt es auf den Punkt: „Wer von der Kirche ausgeht, dem wird wahrscheinlich die Mission verloren gehen. Wer von der Mission ausgeht, wird vermutlich die Kirche finden."[17] Dieses Missionsverständnis hat seine Wurzeln in der Mission Gottes. In Jesus Christus begibt sich Gott selbst in diese Welt, wird Fleisch und

---

14 Steven Croft: Gemeindepflanzung in der Anglikanischen Kirche. Von ‚Breaking New Ground' (1994) zu ‚Mission-shaped Church' (2004), in: Matthias Bartels / Martin Reppenhagen: Gemeindepflanzung – ein Modell für die Kirche der Zukunft? (BEG 4), Neukirchen-Vluyn 2006, 95. „The Church of England has been on a journey over the last 15 years of taking mission to its own community into the heart of its life. And that journey has been first of all rhetoric and then more and more reality and we are still on it."
15 Vgl. Peter Brierley: Pulling out of the Nosedive. A contemporary picture of churchgoing: What the 2005 English Church Census reveals, London 2006.
16 Http://www.voice-online.co.uk/content.php?show=10278 (aufgesucht am 1.6.2011). „Decline has slowed and far more individual churches are growing. In fact the data I see for the Church of England confirms this. 'Pulling out of the Nosedive' is an apt and justified title for a report with some statistical good news for all the churches."
17 Church House Publishing (Hg.): Mission-shaped Church, 116. „Start with the Church and the mission will probably get lost. Start with mission and it is likely that the Church will be found."

wirkt unter seinen geliebten Geschöpfen. Die Kirche hat daher den Auftrag, dieser Spur des heruntergekommenen Gottes zu folgen und sich so zu den Menschen zu bewegen. Rowan Williams, der gegenwärtige Erzbischof von Canterbury, hat es auf den Punkt gebracht: „Mission bedeutet herauszufinden, was Gott gerade tut, und sich daran zu beteiligen."[18] So verstanden ist Mission keine Tätigkeit, die eben getan werden muss. Mission ist vielmehr eine liebevolle, kreative und milieusensible Bewegung hin zu unseren Mitmenschen, um ihnen eine Begegnung mit dem auferstanden Herrn, Jesus Christus, zu ermöglichen. Soweit der Rückblick. Wer solch einen Weg hinter sich hat, kann einiges weitergeben. Die Konferenz Gemeinde 2.0 hat es sich zum Ziel gesetzt, neue Impulse und Initiativen aus Deutschland, England und Skandinavien einem breiten Publikum zugänglich zu machen. Sehr unterschiedliche Menschen hatten die Chance, sich besser kennenzulernen, aufeinander zu hören, voneinander zu lernen und sich zu vernetzen. Die vier Hauptreferenten ermutigten dazu, unterschiedlichste Initiativen auf sich wirken zu lassen und dadurch vielleicht selbst zu einer neuen Ausdrucksform gemeindlichen Lebens zu kommen. In mehr als 70 Seminaren, Foren und Vorträgen haben die Mitwirkenden mit den Teilnehmerinnen und Teilnehmern über die Zukunft der Kirche nachgedacht, wurden Modelle der Hoffnung skizziert und Spuren gelegt für eine gangbare Route in die Zukunft.

Mut zum Risiko

Um den Menschen unserer Zeit zu begegnen, muss die verfasste Kirche Risiken eingehen! So lautete die nicht zu überhörende Schlussbotschaft von Graham Cray. Zu diesem Weg gehört es auch, dass wir beginnen, unsere eigene Tradition wertschätzend zu hinterfragen. Dabei ist es zunächst wichtig zu erkennen, wie wertvoll und segensreich unsere parochial organisierten Ortsgemeinden in der Vergangenheit gearbeitet haben. Es bedarf aber auch des Mu-

---

18 Vgl. Rowan Williams: Presidential Address to the General Synod, July 2003, zitiert in: Grove Evangelism Series, No. 67, Cambridge, 2004, 9. Vgl. auch die ausführliche Rede: http://www.archbishop ofcanterbu-ry.org/articles.php/1826/archbishops-presidential-address-general-synod-york-july-2003 (aufgesucht am 1.6.2011). „Mission ... is finding out what God is doing and joining in."

tes zuzugeben, dass an vielen Orten nur noch kleine Aus-
schnitte der Bevölkerung aktiv den Kontakt zur Kirche
suchen. Welche Auswirkung die Risikobereitschaft der Church of
England auf den Umgang mit neuen Gemeindeformen hatte, lässt sich in der unterschiedlichen Nomenklatur zweier
Kirchendokumente nachzeichnen. Während die Church-
Planting-Bewegung im Synodalreport „Breaking New
Ground"[19] noch als „Anhang" („supplement") gesehen
wurde, hat sich diese Einsicht zehn Jahre später grundlegend verändert. Frische Formen von Gemeinde werden
seither „ergänzend" („complementary") verstanden und
damit als ein integraler Bestandteil kirchlicher Arbeit. Im
Prozess der stark zunehmenden Säkularisierung wurde
intensiv nach neuen Zugangswegen zu den unerreichten
Milieus gesucht. So hat sich in der Church of England eine „Mixed Economy"[20] („Mischwirtschaft") entwickelt. „Wir
müssen uns der Realität stellen, dass heute viele verschiedene missionarische Ansätze nötig sind. Wir werden
eine ‚Mischwirtschaft' aus Ortskirchengemeinden und
‚Netzwerkgemeinden' brauchen, die innerhalb eines größeren Gebietes, also vielleicht eines Dekanates, partner-
schaftlich mit anderen zusammenarbeiten."[21]
Das bedeutet konkret, dass neben den bestehenden Gemeindeformen neue Ausdrucksformen von Gemeinde aktiv
gefördert werden. Das Besondere an der englischen „Er-
folgsgeschichte" ist: Man hat füreinander gebetet und sich
gesegnet. Das hat das Konkurrenzdenken zwischen traditionellen und neuen Gemeindeformen im Keim erstickt.
Im Laufe der Zeit hat man erkannt, dass man sich gegen-
seitig braucht. Die Entstehung einer „Fresh Expression"
kann daher nie ein rein strategischer, sondern muss immer zuerst ein geistlicher Vorgang sein. Durch die aktive
Unterstützung der Kirchenleitung – insbesondere durch
die Bischöfe – ist es in England zu einer Einheit in Vielfalt
gekommen. Hunderte von „Fresh Expressions of Church"
sind mittlerweile in unterschiedlichsten Regionen ent-

---

19 Church House Publishing (Hg.): Breaking New Ground. Church
Planting in the Church of England, London 1994.
20 Dieser aus der Wirtschaft entlehnte Begriff wurde erstmals von
Rowan Williams während seiner Zeit als Erzbischof von Wales geprägt. Vgl. Rowan Williams: Presidential Address to the General
Synod, July 2003, zitiert in: Grove Evangelism Series, No. 67, Cambridge, 2004, 10.
21 Graham Cray in: Church House Publishing (Hg.): Mission-
shaped Church, XI.

standen, die sich ganz in die Lebenswelt der Menschen hineingeben. Mit Blick auf die deutsche Situation stellt sich daher die spannende Frage, wie die nächsten Schritte bei uns aussehen könnten. Oberkirchenrat Matthias Kreplin (Badische Landeskirche) formulierte es in seiner Begrüßungsansprache so: „Kirche ist immer in Bewegung und dabei, sich zu erneuern, das haben schon die Reformatoren gesagt. Wir sind nach meiner Wahrnehmung in einer Zeit großer Umbrüche. In Umbruchzeiten weiß niemand so genau, was ist richtig und was ist falsch. Dann ist es wichtig, vieles auszuprobieren."[22] Im Ausprobieren sind wir bisher noch nicht sonderlich initiativ. Daher sollten wir uns ermutigen lassen, das Risiko des Neuaufbruchs in einer Gemeinschaft von Lernenden einzugehen.

Der hier vorliegende Band enthält die Hauptvorträge der Konferenz Gemeinde 2.0, die das Thema „Frische Formen für die Kirche von heute" aus unterschiedlichen Perspektiven beleuchten. Spannend ist vor allem, wie sozialwissenschaftliche Erkenntnisse und missionarische Initiativen ins Gespräch gebracht werden. Die Beiträge der anglikanischen Bischöfe skizzieren den Weg der Church of England hin zu einer „Mission-shaped Church" (*Steven Croft*) und ermutigen, dabei das Risiko eines Wandels einzugehen (*Graham Cray*). Die deutschen Beiträge beleuchten einerseits den Mehrwert sozialwissenschaftlicher Erkenntnisse für die Ekklesiologie (*Heinzpeter Hempelmann*) und zeigen einen Weg auf, wie die Strukturen innerhalb der Landeskirchen in Deutschland aus missionarischer Perspektive sinnvoll ergänzt werden müssten (*Michael Herbst*).
Das Veranstalterteam möchte mit dieser Publikation die herausfordernden Gedanken rund um den Themenbereich „Fresh Expressions of Church" einem größeren Leserkreis eröffnen und den bereits begonnen Dialog zwischen Kirchenleitung und Gemeindebasis intensivieren. Die ersten zaghaften Schritte hin zu einer „ökumenischen Lerngemeinschaft" mit der Church of England sind gemacht. Nun heißt es, auf unterschiedlichen Ebenen unserer Kir-

---

22 Dieses Zitat wurde in der Aprilausgabe des E-Magazin zu Gemeinde 2.0 abgedruckt. Zugriff über http://www.gemeinde zweinull.org/wp-ontent/uploads/2011/04/G2_e_magazin_april.pdf (aufgesucht am 1.6.2011).

che diesen Ball aufzunehmen und gemeinsam aufzubrechen – hin zu den Menschen.

Danken möchte ich an dieser Stelle vor allem den vier Hauptreferenten der Konferenz, die ihre Beiträge für diese Veröffentlichung nochmals überarbeitet haben. Außerdem richtet sich mein Dank an das gesamte Vorbereitungsteam dieser Konferenz. Ich erinnere mich sehr gerne an unsere zahlreichen und inspirierenden Vorbereitungssitzungen, und es ist gut, dass wir auch weiterhin als Team unterwegs sein werden. Auch wenn letztlich zahlreiche Personen an der Durchführung der Konferenz beteiligt waren, soll an dieser Stelle das Kernteam erwähnt werden, das die Verantwortung für dieses Projekt getragen und ohne das diese Konferenz nicht möglich gewesen wäre: *Wolfgang Fuchs, Carolin Gaiser, Marcus Hausner, Heinzpeter Hempelmann, Michael Herbst, Tabea Hieber, Daniel Hörsch, Rainer Kiess* und *Reinhold Krebs*. Für die intensive Übersetzungsarbeit der beiden englischen Beiträge danke ich *Katja* und *Matthias Riedel* sowie *Benjamin Schließer*.

Mein Dank gilt auch dem Greifswalder Team, das Texte redaktionell betreut und für die Veröffentlichung vorbereitet hat: *Benjamin Römer und Christine Schaak* (für Layout und Textkorrekturen) sowie *Christiane Moldenhauer*. Letztere hat mit viel Liebe zum Detail zahlreiche Verbesserungen vorgenommen und schließlich in einem aufwändigen Prozess die Druckvorlage erstellt.

Die Evangelische Kirche in Deutschland befindet sich gegenwärtig in einem Reformprozess, der von zahlreichen Aufbrüchen begleitet wird. Mögen die Beiträge dieser Publikation einen starken Impuls dazu beisteuern.

Tübingen, den 1. Juni 2011   Markus Weimer

„Fahre hinaus, wo es tief ist, und werft eure Netze aus!"[23]

Was kann die Kirche in Deutschland
von der Church of England lernen?

Steven Croft

Danke für den herzlichen Empfang. Es ist wirklich schön, bei Ihnen zu sein. Ich freue mich, diese Tage mit Ihnen in Deutschland zu verbringen. Was können Sie von England lernen? Ich hoffe, einen bescheidenen Beitrag zu diesem Thema leisten zu können. Sicherlich kann die Kirche von England viel von Ihrer Situation hier lernen, und ich weiß, dass auch ich selbst noch viel in meinem geistlichen Amt und meinem eigenen Leben zu lernen habe. Somit bin ich zum einen sicherlich als Lernender hier, zum anderen aber auch als einer, der eine Geschichte zu erzählen und weiterzugeben hat. Dies gilt für uns alle, die wir aus England zu dieser Konferenz gekommen sind. Mit Interesse und einem Schmunzeln habe ich eine der Überschriften der deutschen Übersetzung des „Mission-Shaped Church Report"[24] gelesen: Was kann aus England Gutes kommen?

Erlauben Sie mir, dass ich mich vorstelle und einige kurze Einblicke in meine eigene Lebensgeschichte gebe. Ich bin in Halifax (Nordengland) geboren und aufgewachsen. 1983 wurde ich mit Anfang zwanzig ordiniert. Ich arbeitete 13 Jahre lang als Gemeindepfarrer, davon neun Jahre in meiner Heimatstadt in Halifax, genau an dem Ort, wo mein Vater aufwuchs. Unsere Gemeinde erlebte in diesen Jahren, dass durch Gottes Gnade viele Erwachsene aus einem sehr säkularen und kirchenfernen Hintergrund zum Glauben kamen, und wir lernten in dieser Zeit viel über Gottes Gnade. All diese Erfahrungen sind in die Entwicklung des *Emmaus*-Glaubenskurses mit eingeflossen, der, wie ich weiß, auch hier in Deutschland veröffentlicht wurde und mittlerweile weit verbreitet ist. Danach

---

23 Lk 5,4b (Lutherübersetzung).
24 Der Lagebericht der Kirche von England (2004) mit dem Titel „Mission-shaped Church" (auf Deutsch erschienen als „Mission bringt Gemeinde in Form").

war ich acht Jahre lang Leiter eines Theologischen Seminars und habe junge Menschen darin unterstützt, sich auf ihren kirchlichen Dienst vorzubereiten. Dort unterrichtete ich Missionswissenschaft und Praktische Theologie sowie Biblische Theologie. 2004 wurde ich auf die neu geschaffene Stelle des „Archbischop's Missioner" (Missionsbeauftragten des Erzbischof von Canterbury) und zum Leiter des „Fresh Expressions"-Teams berufen, um neue Formen von Kirche innerhalb der anglikanischen Kirche von England und der Methodistischen Kirche voranzubringen. 2009 wurde ich zum Bischof von Sheffield ernannt und kehrte wieder in den Norden von England zurück. In diesem neuen Amt bin ich immer noch dabei, viel dazuzulernen.

Jesus Christus begegnen

Ich möchte Ihnen heute Morgen davon erzählen, wie die Kirche von England mit Fragen der Mission und der Evangelisation und den neu entstehenden „Fresh Expressions of Church" (neuen Ausdrucksformen von Kirche) umgegangen ist, – oder zumindest meine Version dieser Geschichte – und einige meiner Gedanken dazu mit Ihnen teilen.
Ich möchte mit Ihnen über diese Geschichte nachdenken und die Erfahrungen, die ich mitbringe, zugleich mit einer Geschichte aus den Evangelien über die Berufung der ersten Jünger in Beziehung setzen – und zwar besonders mit den beiden Einladungen, die Jesus in diesem Zusammenhang ausspricht: mit dem Ruf, hinauszufahren auf das tiefe Wasser und die Netze auszuwerfen, und mit dem Ruf, Menschenfischer zu werden.
Sie kennen diesen Abschnitt gut (Lk 5,1-11). Jesus war dabei, von dem Boot des Simon Petrus aus zu lehren. Als er seine Rede beendet hatte, sagte er zu Simon: „Fahre hinaus, wo es tief ist, und werft eure Netze zum Fang aus!"
Dies sind Worte, die ich als ein Nachfolger Jesu und Bischof im 21. Jahrhundert in Nordeuropa ganz neu hören muss. Ich glaube, auch Sie müssen diese Worte hören als den Ruf Gottes an uns. Ich höre sie als einen Ruf, unseren sicheren Hafen zu verlassen und hinauszufahren, jenseits der seichten Gewässer, zu den Menschen, die das Evangelium hören und empfangen sollen. Diese Worte sind ein Ruf, dorthin zu gehen, wo die Menschen sind.

Simon antwortet auf Jesu Ruf mit Ausflüchten, wie auch wir sie gerne vorbringen: „Meister, wir haben die ganze Nacht gearbeitet und nichts gefangen." Hören Sie, wie Simons frühere Erfahrungen seine Antwort an Jesus und seine Handlungen bestimmen! Seine Müdigkeit, seine Versagensängste, seine Antriebslosigkeit, Initiative zu ergreifen und neue Ideen zu entwickeln, prägen seine Reaktion auf Jesu Worte. Möglicherweise haben Sie eine ganz ähnliche Antwort auf Jesu Aufforderung, die Netze noch einmal auszuwerfen: Wir haben es doch schon versucht und hatten keinen Erfolg. Aber Simons wachsendes Vertrauen zu Jesus überwindet seine Versagensängste und seine Negativerfahrungen. Seine Antwort geht noch weiter: „Auf *dein* Wort hin will ich die Netze auswerfen."

Simons Antwort bringt mich zu einer ersten „Lektion", die ich mit Ihnen betrachten möchte: Was ist es, das die Kirche zu Mission und Evangelisation motiviert?

In dieser Frage sind unsere Motive entscheidend. Was ist es, das in der Kirche die Begeisterung dafür wecken wird, das Evangelium wieder neu zu verkündigen und weiterzusagen? Was ist es, das uns dazu befähigt, unsere bisherigen Erfahrungen hinter uns zu lassen und uns auf etwas Neues einzulassen?

Wie können wir eine kleine Gruppe von Christen dazu motivieren, sich in einer Wohnblocksiedlung zu treffen? Wie können wir Kirchenleitende motivieren und bewegen? Wie können wir eine ganze Kirchensynode motivieren und bewegen? Warum ist es uns ein Anliegen, das Evangelium weiterzusagen und die Kirche zum Wachsen zu bringen?

Lassen Sie mich zu Beginn dieser Konferenz zwei meiner Erfahrungen einbringen, die ich in der Vergangenheit und Gegenwart in der Kirche von England gemacht habe. Der Rückgang des kirchlichen Einflusses und der Mitgliederzahlen ist kein ausreichendes und angemessenes Motiv für eine Veränderung. Die Bestandserhaltung der Kirche ist auch kein ausreichendes Motiv für eine Veränderung. Es mag sein, dass eine kleine Expertengruppe davon begeistert wäre, aber sie werden niemals das Feuer in der Kirche als ganzer wieder entfachen können. Von Modellen zu hören, die andernorts erfolgreich sind, ist noch kein ausreichendes Motiv für eine Veränderung.

Es geht um etwas viel Grundlegenderes als das alles. Die Herausforderung, die Kirche wieder neu für eine Vision von Mission und Evangelisation zu motivieren und neue

Gemeinden zu gründen, bedeutet, dass wir eine neue Vision von Jesus Christus empfangen müssen.

„Auf dein Wort hin will ich die Netze auswerfen."

Um das dritte Jahrtausend der Kirche zu eröffnen, veröffentlichte Papst Johannes Paul II. zur Jahrtausendwende einen sehr bewegenden Brief an die Kirchen mit dem Titel „Novo millennio ineunte" (Zu Beginn des neuen Jahrtausends, 2001). Darin ruft der Papst zu einer neuen Weltevangelisation mit neuen Methoden auf. Aber, so schreibt er, bei dieser Neuevangelisation gehe es nicht um Techniken. Sie müsse dadurch beginnen, dass wir der Person Jesus Christus ganz neu begegnen und vom Sohn Gottes so ergriffen werden, dass es uns wieder möglich wird, den Ruf Jesu zu hören, hinauszufahren auf das tiefe Wasser und die Netze auszuwerfen.

Viele vergebliche Versuche, die Kirche zur Evangelisation zu motivieren und zu bewegen, haben mich erkennen lassen, dass der drohende Niedergang der Kirche nicht als Motiv ausreicht. Erfolgsgeschichten, die davon berichten, was andernorts funktioniert hat, sind nicht genug. Das Herz muss herausgefordert werden. Menschen müssen wieder selbst das Wunder erleben, dem lebendigen Christus zu begegnen. Wir selbst müssen neu evangelisiert werden, und dann werden wir wieder bereit sein, Jesu Ruf zu hören.

Mission und Missiologie stärken

„Fahre hinaus, wo es tief ist, und werft eure Netze zum Fang aus!"

Aber ist es überhaupt notwendig, dies in unseren Gesellschaften zu tun, wo diese doch in der Tradition des Christentums stehen und wir davon ausgehen können, dass jeder den christlichen Glauben hat? Die Kirche von England musste in den letzten zwei Generationen aus diesem Traum aufwachen und der Realität ins Auge blicken, dass die Vorstellung vom christlichen Abendland nicht mehr länger eine zutreffende Beschreibung unserer Gesellschaft ist.

In einer vom christlichen Abendland geprägten Weltsicht wird davon ausgegangen, dass die Menschen Christen sind. Die Gesellschaft ist sehr stark darauf ausgerichtet,

dass Menschen vom kirchlichen Leben angezogen werden.
Kirchliche Feiertage, die Rolle der Kirche bei Übergangsriten, die Bedeutung von Sonderpfarrämtern in öffentlichen Einrichtungen führen dazu, dass der christliche Glaube aufs Engste mit dem öffentlichen Leben verwoben ist. In einer solchen Gesellschaft bringt das Leben an sich die Menschen zu den Kirchentüren. Unsere Aufgabe ist es dann, die Menschen in die christliche Nachfolge, zum Taufbecken und zum Tisch des Herrn zu führen. Seit zwei oder drei Generationen hat sich diese Struktur verändert. Für einige aus der älteren Generation ist sie zwar noch zutreffend, aber deren Zahl nimmt ab. Viele in der jüngeren Generation werden durch diese zutiefst christlich geprägte Gesellschaft nicht zum kirchlichen Leben hin, sondern von ihm weg geführt.

Wir als Kirche mussten uns der Frage stellen: Was sollen wir in dieser Situation tun? Was sagt Jesus Christus uns? Akzeptieren wir die Situation, wie sie ist, und finden uns damit ab, dass wir zum Dienst an nur einem Teil der Gesellschaft berufen sind? Und zwar an dem Teil, der noch so etwas wie einen christlichen Restglauben hat? Schließlich fühlen wir uns dabei äußerst wohl, haben darauf unseren Dienst schon lange ausgerichtet und uns über Jahrhunderte einen großen Schatz an Weisheit angehäuft. Diese Einstellung bringt jedoch zwei Probleme mit sich: Das erste ist, dass dieser Anteil der Bevölkerung mit jeder Generation kleiner wird. Letztlich bedeutet dieser Weg, zu akzeptieren, dass die Kirche in der Zukunft nur noch eine marginale Rolle im gesellschaftlichen Leben unseres Landes spielen wird. Das zweite ist, dass es unmöglich ist, die Evangelien zu lesen und die oben beschriebene Einstellung mit der Wahrheit der Menschwerdung und dem Vorbild der dienenden Hingabe Jesu in Einklang zu bringen. Gott wartet nicht, bis wir zu ihm kommen. Er sendet seinen Sohn. Dieser Sohn sagt zu seinen Jüngern: „Wie der Vater mich gesandt hat, so sende ich euch." (Joh 20,21b) Jesus wendet sich in seinem Dienst zuerst den Verlorenen zu und denen, die weit von der Gnade entfernt sind. Ebenso sind auch wir dazu berufen, an der Mission Gottes, die auf die gesamte Gesellschaft zielt, mitzuwirken. Einige werden zu uns kommen, aber viele werden es nicht. Deshalb müssen wir zu ihnen gehen. Wir müssen dorthin hinausfahren, wo das Wasser tief ist, und die Netze auswerfen. Wir müssen uns in dieser uns unbekannten Aufgabe von Gottes Gnade abhängig machen. Wir müssen eine neue Weisheit entwickeln. Wir müssen bereit sein, unsere Bequemlichkeiten aufzugeben. Wir müssen einige Risiken auf uns nehmen. Nicht, damit die Kirche überlebt, sondern damit verlorene Menschen Jesus Christus begegnen können.

Im Zentrum dieser Bewegung steht eine im Grunde einfache Lektion, die für uns aber schwer zu lernen war: Wir müssen den Ruf in Gottes Mission für unsere eigene Gesellschaft akzeptieren.

Dies ist für uns und für alle Kirchen schwierig, die aus der Europäischen Reformation hervorgegangen sind. Die großen Theologen und Kirchenväter hatten keine tragfähige Vorstellung von der Mission Gottes in ihren eigenen Kulturen und Gesellschaften. Im 20. Jahrhundert musste die Kirche von England neu lernen und einüben, was es heißt, im eigenen Kontext und der eigenen Kultur missionarisch zu handeln.

In diesem Prozess wurden wir von der weltweiten Anglikanischen Gemeinschaft stark unterstützt. Unsere eigene gegenwärtige missionarische Bewegung wurde unterstützt durch wichtige Erkenntnisse von Theologen, die in verschiedenen Teilen der Welt in der Mission gedient hatten, dann nach England zurückkamen und ihre Einsichten auf unsere eigene Kultur und Gemeinschaft anwendeten.

Für uns erwiesen sich zudem die fünf Kennzeichen von Mission[25] der Anglikanischen Gemeinschaft als hilfreich. Diese sind in keinster Weise eine perfekte oder vollständige Darstellung, aber sie repräsentieren die Hauptpunkte der Mission Gottes, mit der sich alle Anglikaner identifizieren und die sie sich zu Eigen machen können:

‣ die gute Nachricht vom Reich Gottes verkündigen,
‣ die zum Glauben Gekommenen lehren, taufen und stärken,
‣ menschlicher Not mit Nächstenliebe begegnen,
‣ ungerechte Gesellschaftsstrukturen zu überwinden suchen,
‣ danach streben, die Schöpfung zu bewahren und das Leben auf der Erde zu erneuern.

Die Geschichte der Kirche von England ging damit weiter, dass seit der letzen Generation das Konzept von der Mission Gottes in seiner gesamten Tragweite in das Zentrum des kirchlichen Lebens gerückt ist. Wir sind jetzt bestrebt, Mission in die Mitte unserer theologischen Ausbildung und unserer Praxis zu setzen. Dieses Missionskonzept hat verschiedene Breiten- und Tiefendimensionen, aber es be-

---

[25] „Five Marks of Mission“, vgl. S. 12 in diesem Buch.

inhaltet auf jeden Fall Evangelisation und zielt darauf, Menschen zum Glauben zu führen: Erwachsene, Kinder und junge Menschen.

Und es ist diese Frage nach der Mission Gottes, die jene Fragen formen und prägen, die zu den „Fresh Expressions of Church" geführt haben. Wie entwickeln wir eine authentische Kirche und christliche Gemeinschaft für verschiedene Netzwerke und Gruppen innerhalb unserer Gesellschaften? Wie können wir inkarnatorische Mission und Gemeindearbeit praktisch werden lassen und die Menschen erreichen, die seit drei Generationen fern vom christlichen Glauben leben? Wie können wir herausfinden, was Gott gerade tut, und dann mit einsteigen? Diese Fragen haben uns als Kirche auch zu einer neuen Demut geführt. Wir erkannten, dass wir neue Fähigkeiten, Gewohnheiten und Weisheit entwickeln müssen, was bestimmt eine Generation oder noch mehr Zeit in Anspruch nehmen wird. Das ist ein langer Lernprozess. Durch Gottes Gnade haben wir eine 500 Jahre alte Tradition, die unsere parochiale Gemeindearbeit geformt hat. Aber wir haben nur wenig Erfahrung darin, neue Gemeinschaften zu gründen. Wir stehen also wieder am Anfang eines neuen Lernweges. Wir müssen aufhören, uns in allem für kompetent zu halten. Wir müssen beten und uns der Schrift zuwenden. Wir müssen die Erfahrungen derer wertschätzen, die am Rande stehen. Wir müssen beständig das reflektieren, was wir lernen. Wir wissen nicht, wie man das gut macht. Aber wir lernen mit ganzem Einsatz.

Die erste „Lektion", die ich Ihnen ans Herz lege, ist also eine Ermutigung, ein neues Verständnis für die Mission Gottes, für Missiologie und für die Mission in Ihren eigenen Gemeinden zu entwickeln, und zwar auf eine Art und Weise, die authentisch und glaubwürdig ist und zu Ihrer eigenen Tradition passt, aber auch gleichzeitig offen dafür bleibt, von anderen zu lernen. Diese „neue Theologie" wird zu „neuen Ausdrucksformen von Gemeinde" führen, zu „Fresh Expressions of Church". Eine neue Vision *von* Gott wird eine neue Vision *für* Gottes Menschen mit sich bringen.

Das Zentrum mit dem Rand verbinden

Die zweite „Lektion", die wir als Kirche (zumindest ansatzweise) gelernt haben, als wir hinaus aufs tiefe Wasser gefahren sind, ist es, das Zentrum mit dem Rand auf die

verschiedensten Weisen zu verbinden – und das hat sich
als Weg zum Leben erwiesen.

Die breite Bewegung der „Fresh Expressions of Church“
kann so beschrieben werden: Wenn die uns umgebende
Kultur immer kirchenferner wird, nimmt die Zahl der
Menschen immer mehr ab, die aufgrund ihrer kulturellen
Prägung in die Kirche – wie sie traditionell verfasst ist –
kommen. Es bleibt unerlässlich, auch für die Diözese von
Sheffield, bessere und qualifiziertere evangelistische Angebote zu machen; ebenso ist es wichtig, das Leben der
bestehenden Gemeinden weiterhin zu fördern. Dennoch
nimmt die Zahl derer, die in die Kirche kommen, ab.

Weil sich diese Entwicklung so abzeichnet und weil wir
neu die Frage nach der Mission Gottes stellen, sehen wir,
wie immer mehr Menschen Wege suchen, aus der Kirchengemeinde hinaus zu gehen, hinaus in die sie umgebende Kultur, um dort den Menschen zu begegnen und
ihnen zuzuhören und dann neue christliche Gemeinschaften zu bilden.

Dies alles begann im größeren Stil Mitte der 90er Jahre,
also in der zweiten Hälfte unserer „Dekade der Evangelisation“.[26] Eine ganze Reihe von Menschen, die sich am Rande der Kirche von England befanden, fing an, radikal neue
Formen von Kirche zu entdecken, und zwar aus ganz verschiedenen theologischen Hintergründen.

Was dann geschah, war sehr bedeutsam und hat unser
Leben geprägt: Diejenigen im Zentrum der Diözesen und
der Kirche von England beobachteten, was diejenigen am
Rande der Kirche taten, bestärkten sie und gaben ihren
Segen für das, was sie taten, und blieben in enger Verbin-
dung mit ihnen. Wir sind Gott dankbar, dass die allermeisten „Pioniere“ selbst mit dem ganzen Leib Christi verbunden bleiben wollten. Die Bischöfe und diejenigen in
Leitungsfunktionen setzten sich dafür ein, dass die neu
erworbenen Einsichten für den ganzen Leib Christi
fruchtbar gemacht würden.

Es waren verschiedene Schritte nötig, um den Rand mit
dem Zentrum zu verbinden. Zunächst standen die persönlichen Beziehungen im Vordergrund: Beziehungen zwischen Schlüsselpersonen in den Reihen der „Pioniere“ und
Vordenkern, wie Bob und Mary Hopkins und George
Lings, die aufgrund ihres Weitblicks erkannten, dass sich
etwas sehr Bedeutsames ereignete und Gestalt gewann. In

---

[26] Vgl. zur geschichtlichen Entwicklung auch die Einführung in diesem Buch (S. 11-17).

den Diözesen konnten wir beobachten, wie sich Partnerschaften zwischen einer Handvoll abenteuerfreudiger Bischöfe und „Pionieren" entwickelten. Die episkopale Verfassung der Kirche von England eignete sich zudem für diese Art der Veränderung. So wurden diese „Ursprungsgeschichten" aufgeschrieben und auf Konferenzen weitererzählt, und es entstanden bestimmte Modelle der Veränderung. Bis 2002 war eine bemerkenswerte Sammlung an Beispielen und Geschichten zusammengekommen. Der Ausschuss für Mission und öffentliche Angelegenheiten (Board of Mission and Public Affairs) der Kirche von England setzte eine Arbeitsgruppe ein, die untersuchen sollte, was sich da ereignete, und er hatte den Weitblick, Bischof Graham Cray zum Leiter dieser Arbeitsgruppe einzusetzen. Graham war zu dieser Zeit der abenteuerfreudigste Bischof des Landes – seine Wahl war also ein sehr kühner Schritt. Diese Arbeitsgruppe reflektierte die aktuellen Ereignisse in der Kirche von England und hörte auf die Geschichten, die passiert waren, und stellte einige sehr kühne Fragen darüber, wie und warum dies alles geschah. Die Arbeitsgruppe entwickelte eine neue Sprache, um diese entstehenden Gemeinschaften angemessen zu beschreiben, und nannte sie „Fresh Expressions of Church". Diese Redeweise wurde deshalb gewählt, weil sie wertneutral sein sollte und weil sie begrifflich mit unserer „Declaration of Assent"[27] in Beziehung steht, in der versprochen wird, das Evangelium „in jeder Generation neu" („afresh in each generation") zu verkündigen. Die Arbeitsgruppe entwickelte eine Reihe von Empfehlungen, um das Zentrum mit dem Rand noch mehr zu verbinden und um die Kirche von England als ganze dazu zu befähigen, die neue Bewegung auszurüsten und zu unterstützen.

Gottes Gnade folgen und die gesamte Kirche nach diesen Prioritäten ausrichten

Den nächsten Schritt in dieser Geschichte kann man aus meiner Sicht nur als Gottes Gnade und eingreifende Hand verstehen.

---

[27] Zur Erklärung: Die anglikanische „Declaration of Assent" entspricht in etwa dem Ordinationsversprechen in den evangelischen Kirchen.

2004 hat die Arbeitsgruppe ihren Bericht „Mission-shaped Church" erstellt. Sie dachten, dass sie damit ein hilfreiches Arbeitspapier erstellt hatten, das einem kleinen, aber wichtigen Teil des Lebens in der Kirche von England Unterstützung geben sollte. Aber genau in diesem Moment geschah etwas, das ihre Arbeit in das Zentrum der Aufmerksamkeit rückte. Der Bericht wurde in gewaltigen Mengen verkauft. Er sprach etwas deutlich aus, das seit einiger Zeit in der ganzen Kirche von England zu keimen begonnen hatte. Er wurde von der Generalsynode anerkannt und empfohlen. Der neue Erzbischof von Canterbury, Rowan Williams, hatte gerade sein Amt angetreten. Als er noch Bischof von Wales war, hat er bereits das Potential dieser neuen Initiativen gesehen und begrüßt. Er formulierte eine kraftvolle Vision für die Kirche von England, als er davon sprach, die Kirche müsse eine „Mixed Economy Church" (Kirche der Mischwirtschaft) werden: „Fresh Expressions of Church", die um der Mission Gottes willen Seite an Seite mit den traditionellen Ortsgemeinden gedeihen.

Erzbischof Williams machte die „Fresh Expressions of Church" zu einer seiner beiden Hauptprioritäten während seiner Zeit als Erzbischof von Canterbury. Er gründete eine Initiative mit dem Namen „Fresh Expressions" und erteilte ihr den Auftrag, all diese Ideen und deren praktische Umsetzung überall in der Kirche von England zum Standard werden zu lassen. Das Team wurde personell wie finanziell gut ausgestattet. „Fresh Expressions" bedeutet also, den Rand der Kirche mit dem Zentrum zu verbinden. Ich habe das Team in den ersten viereinhalb Jahren seines Bestehens geleitet und Graham Cray in den vergangenen zwei.

Die Geschichte der letzten sieben Jahre zeichnet sich durch ein enormes Wachstum und eine breite Akzeptanz dieses Teils der „Mixed Economy Church" aus. Die Entwicklungen fanden am Rand der Kirche statt, erfuhren aber zugleich die volle Unterstützung der Kirchenpolitik und hatten den Segen der Bischöfe und der Kirchenleitung.

Die neue Sprache wird gut verstanden. Die Kirche von England als ganze hat die Vision von den „Fresh Expressions of Church" verstanden. Es gibt viele Tausend neue Gemeinschaften – viele davon als Teil traditioneller Ortsgemeinden und andere als ganz neue Gemeinden. Viele der jungen Bischöfe und auch eine beachtliche Anzahl derjenigen, die schon länger im Amt sind, sehen in der „Mixed Economy" die Zukunft der Kirche.

Wir haben ein neues Ordinations- und Amtsverständnis entwickelt, nämlich das Amt der ordinierten „Pioniere", die aufgrund ihrer Begabung berufen sind, ordiniert zu werden, aber nicht in die traditionelle Gemeindearbeit vor Ort gehen. Wir bieten Ausbildungsprogramme für Einzelne und Teams in jedem Teil des Landes an – über 2000 Menschen haben schon daran teilgenommen.

Einige unserer großen Missionswerke haben den Fokus ihrer Arbeit auf diesen Bereich gerichtet, insbesondere die Church Army (vergleichbar mit der Heilsarmee), die von Anfang an eine Vorreiterrolle gespielt hat.

In unserer theologischen Ausbildung wurden diese neuen Konzepte zu weiten Teilen in den Lehrplänen aufgenommen. Für alle werden in diesem Bereich Schulungen angeboten, auch für die theologischen Experten.

Es werden Stellen geschaffen, die ihren Schwerpunkt auf Mission und Gemeindeaufbau legen – in der Diözese von Sheffield sind wir gerade dabei, drei solcher Stellen auszuschreiben.

Wir haben ein neues kirchenrechtliches Instrument, um neue Gemeinden zu schaffen und offiziell anzuerkennen, die sogenannte „Bishop's Mission Order" (bischöflicher Missionsauftrag). Meine eigene Diözese arbeitet gerade an der Etablierung zweier neuer Gemeinden: eine ökumenische Gemeinde für Erwachsene mit Lernbehinderung und eine Stadtzentrums-Gemeinde für junge Erwachsene.

Wie diese Konferenz bezeugt, haben sich die Ideen schon in vielen Teilen der Welt verbreitet.

Die Entwicklungen sind natürlich nicht ohne Kritik geblieben. Zu diesem Weg gibt es viele berechtige Anfragen, und es ist ganz richtig, Kritikpunkte anzusprechen. Diese neuen Ideen müssen auf die Probe gestellt, hinterfragt und diskutiert werden.

Aber es ist wichtig, darauf hinzuweisen, dass es sich bei dieser Bewegung hin zu den „Fresh Expressions" und der „Mixed Economy" nicht um eine vorübergehende Laune oder eine Modeerscheinung handelt. Es handelt sich um eine langfristige (Selbst-)Verpflichtung der Kirche von England zu einer grundlegenden Veränderung in Richtung einer „Mixed Economy Church".

Eine praktische Missionsstrategie, die Frucht bringt

Es ist auch wichtig zu betonen, dass wir diesen Ansatz
verfolgen, weil wir der Mission Gottes treu sein wollen,
aber auch, weil Menschen nicht nur in der Kirche von
England, sondern überall und in verschiedenen Kontexten
die Erfahrung machen, dass dieser Weg Frucht bringt.
Hier besteht echtes ökumenisches Potenzial.
An diesem Montag war ich auf einem Treffen von Kirchenleitenden, und dort berichtete der Leiter der Heilsarmee
Salvation Army in Sheffield über ihre neue „Fresh Expression of Church" für Familien aus der Umgebung, die sich
unter der Woche treffen. Durch Gottes Gnade und auch
durch ein Umdenken im Blick auf die eigenen Vorstellungen von Kirche haben sie eine Gemeinde von 40 bis 50
Menschen gegründet. Er erzählte mir, dass es sich dabei
um eine Salvation Army Corps (Gemeinde der Salvation
Army) handelt, die Jahrzehnte lang überhaupt keinen Einfluss mehr auf die Menschen vor Ort hatte. Aber jetzt entsteht dort neues Leben.
Seit ich nach Sheffield gekommen bin, treiben mich die
riesigen Wohnblocksiedlungen im Norden der Stadt um,
die zu den ärmsten Gegenden in England gehören. Über
90 000 Menschen leben in sechs anglikanischen Parochi-
en – überwiegend der weißen Arbeiterklasse zugehörig
und mit einem hohen Anteil an Armut und Arbeitslosig-
keit und allen Formen von sozialen Problemen. Nur 1 %
der Bevölkerung dort besucht die Gottesdienste. Die meisten Parochien haben verschwindend kleine Gemeinden.
Ein Kirchengebäude ist kurz davor, geschlossen zu werden. Auch die anderen Denominationen schließen dort ihre Kirchen.
Die Herausforderung ist gewaltig. Wie können wir dieses
Gebiet neu evangelisieren und neue Gemeinschaften
gründen? Können wir etwa erwarten, dass unsere sechs
Ortsgemeinden plötzlich wieder zu wachsen beginnen? Ich
hoffe es, aber auch wenn es so kommen sollte, wird noch
viel mehr zu tun nötig sein. Können wir uns vorstellen,
dass von verschiedenen Orten missionarisch motivierte
Menschen in dieses Gebiet kommen, um dort neue mis-
sionale Gemeinschaften, „Fresh Expressions of Church",
zu gründen und zu unterstützen, damit das Evangelium
im Leben der Menschen in diesem riesigen Gebiet unserer
Stadt wieder etwas in Bewegung bringt.
Wenn ich durch die Diözese von Sheffield reise, dann finde
ich an vielen verschiedenen Orten neue Initiativen und

Gemeinden. Letzte Woche bin ich zu einer kleinen Gemeinschaft außerhalb von Sheffield gefahren, um eine junge Mutter zu konfirmieren. Ich schaute ins Konfirmationsregister der Gemeinde. Diese junge Frau war die erste Konfirmandin in dieser Parochie seit drei Jahren. Und davor gab es eine Lücke von weiteren drei Jahren. Und das ist nichts Außergewöhnliches.

Ich fragte die Frau nach ihrer Geschichte. Zwei Dinge waren dafür entscheidend, dass sie zum Glauben gekommen ist. Einerseits war es ihr eigenes Nachfragen über die Bedeutung der Taufe, andererseits war es der Halt, den ihr die Gottesdienstfeiern der „Messy Church"[28] mit ihren Eltern- und Kleinkindgruppen gegeben haben. Gott ist in ihrem Leben am Werk. Viele ihrer Freunde kamen, um sie bei ihrer Konfirmation zu unterstützen, und denken seitdem darüber nach, denselben Schritt wie sie zu gehen.

Die Konfirmation, die ich davor durchführte, fand in einer Kirche mitten in einer riesigen Wohnblockanlage statt – eine kleine, sich abmühende, ältere Gemeinde. Ich habe sieben Erwachsene aus dieser einen Gemeinde konfirmiert – so viele Konfirmanden gab es dort seit vielen, vielen Jahren nicht mehr. Sie sind durch eine Initiative zum Glauben gekommen, die sich „Church on Thursdays" (Kirche am Donnerstag) nennt: eine kleine Gruppe, die sich unter der Woche im Pfarrhaus zu einer gemeinsamen Mahlzeit und zum Gottesdienst trifft.

Viele unserer neuen Gemeinden und Gemeinschaften sind noch schwach und zerbrechlich. Es handelt sich um bescheidene Anfänge. Wir haben jedoch auch viel größere „Fresh Expressions of Church". Die größte, St. Thomas Philadelphia, ist – in der anglikanischen Kirchenrechtssprache ausgedrückt – ein „Extra Parochial Place" (also keine Parochialgemeinde) und zählt mittlerweile ungefähr 2500 Erwachsene in ihren missionarisch ausgerichteten Gemeinschaften, von denen die meisten unter 35 Jahre alt sind.

Sie finden sehr viele Geschichten und Beispiele von „Fresh Expressions of Church" auf der Fresh-Expressions-Website (www.freshexpressions.org.uk) und in unserem Austauschforum im Internet (www.sharetheguide.org). Dort haben wir auch Erkenntnisse und Erfahrungen ge-

---

28 Wörtlich: „unordentliche Kirche". Gemeint ist ein unkonventionelles Gemeindeangebot, in diesem Beispiel für junge Familien und ihre Kinder.

sammelt, die wir im Blick auf die Förderung dieser Entwicklungen gewonnen haben.

Wenn es so etwas wie eine Reihenfolge gibt, eine „Fresh Expression of Church" zu gründen, dann die, dass alles im Gebet begonnen und im Gebet fortgeführt werden muss. Es muss damit beginnen, dass wir zu den Menschen hingehen, Zeit für sie haben und ihnen zuhören. Es muss mit einem Dienst an den Menschen und der Bildung einer Gemeinschaft beginnen. Und in diesen Gemeinschaften kommen Menschen zum Glauben und werden zu Nachfolgern Christi. Im Zuge dessen beginnt die Gemeinde dann, Gottesdienst zu feiern – und auf verschiedene Weisen zu entdecken, was es bedeutet, Kirche zu sein.

Tiefer über den Begriff Kirche nachdenken

Das bringt mich zu meinem letzten Punkt: Simon ist bereit, das zu tun, was Jesus ihm sagt, und er wirft die Netze im tiefen Wasser aus. Er entdeckt, dass der Fang all seine Erwartungen bei Weitem übersteigt. Sie müssen ihre Freunde im anderen Boot rufen, damit diese kommen und ihnen helfen – doch auch die beiden Boote können all die Fische kaum fassen, die in den Netzen sind.

Als das Boot zurück an Land ist, müssen Simon und die kleine Jüngergemeinschaft neu darüber nachdenken, wer sie eigentlich sind und wie ihre Beziehung zu Jesus aussieht. Wer dabei ist, Fische zu fangen, wird selbst evangelisiert! Jenem Simon, der zum Petrus wird, passiert das nicht nur einmal. „Herr, geh weg von mir!", spricht er, „denn ich bin ein sündiger Mensch." Die anderen sind einerseits erstaunt, andererseits bestürzt. Aber Jesus beruft sie als eine Gemeinde zu einem neuen Auftrag: Sie sollen Menschen für das Reich Gottes fischen! Das sind Worte, die die Prophetien des Hesekiel vom Fluss des Lebens aufnehmen (Hes 47).

Durch das Auswerfen der Netze im tiefen Wasser kommt Simon zu einer Neubewertung dessen, wer er ist, und zu einem ganz neuen Verständnis seiner Gemeinschaft. Genauso führt das Erkunden und Entdecken von „Fresh Expressions of Church" auch uns als Kirche zu einer neuen Beurteilung und Einschätzung dessen, was wir in Christus sind und was es bedeutet, Kirche zu sein.

Als ich anfing, das „Fresh Expressions Team" aufzubauen und zu leiten, dachte ich, dass mir nun überall, wo ich hinkomme, Fragen zum Thema Mission gestellt werden würden. Doch das war nicht der Fall. Aber überall, wo ich hinging, wurde ich darüber befragt, was es eigentlich bedeutet, Kirche zu sein – die Fragen, die gestellt wurden, waren ekklesiologischer Art. Die Herausforderung dieses Unternehmens ist es also, sich vertieft und gründlich mit der Ekklesiologie auseinanderzusetzen. Inwiefern sind diese neuen Gemeinschaften Kirche? Welche Art von Gemeindearbeit brauchen sie? Welche Rolle spielen die Sakramente, die zu Gottes Kirche dazugehören? Wie sind sie mit dem ganzen Leib Christi verbunden? Welche Teile unseres Kirchenlebens sind verhandelbar, und woran muss festgehalten werden? Wir würden wohl alle darin übereinstimmen, dass Kirchenbänke nicht das Wesen der Kirche ausmachen. Aber was macht die Kirche zur Kirche?

Ich fühle mich zu einer sehr einfachen Ekklesiologie hingezogen, zu biblischen Aussagen, die uns zum Kern dessen führen, was Kirche ist: Eine der einfachsten ist auch meine Lieblingsstelle: Mk 3,14f, aus dem frühesten Bericht von der Einsetzung der zwölf Jünger, die dazu berufen werden, mit Jesus zu gehen und von ihm ausgesandt werden: „Und er setzte zwölf ein, die er auch Apostel nannte, dass sie bei ihm sein sollten und dass er sie aussendete zu predigen und dass sie Vollmacht hätten, die bösen Geister auszutreiben." Indessen bin ich mir bewusst, besonders als Bischof, dass für die Kirche, genauso wie für die Schöpfung, Ordnungen und Grenzen unerlässlich sind, damit sich das Leben darin entfalten kann. Wir sind auf dieser Reise bisher noch auf halbem Weg, aber ich finde an dieser Reise immer mehr Gefallen.

Wie ich am Anfang dieses Vortrags schon gesagt habe, ist es ein großes Privileg für mich, hier bei Ihnen auf dieser Konferenz zu sein, und ich danke Ihnen für Ihre Aufmerksamkeit.

Es mag sein, dass Sie einiges von unserer Erfahrung lernen können, das Ihnen auf Ihrer Reise hilft. Und es gibt sicherlich auch viel, das wir von Ihnen lernen können.

Ich bete, dass wir durch das, was wir in den nächsten Tagen lernen und worüber wir reden werden, den Ruf Jesu Christi an Simon und seine Freunde hören – ein Ruf, der deren Leben und die Geschichte dieser Welt verändert hat: „Fahre hinaus, wo es tief ist, und werft eure Netze zum Fang aus!"

Der Spur des heruntergekommenen Gottes folgen.

Mission im Milieu und wie sozialwissenschaftliche
Forschung dabei helfen kann

Heinzpeter Hempelmann

Teil A:
Mission im Milieu und wie Milieumodelle dabei helfen können

I Moderne Sozialwissenschaft als Lebensweltforschung

a) Von der „Pyramide" zur „Kartoffelgraphik"
Der klassischen Soziologie reicht zur Darstellung unserer
Gesellschaft eine Pyramide, die die drei Schichten abbil-
det, in die die übersichtlich gegliederte Gesellschaft sich
unterteilt: Oberschicht, Mittelschicht, Unterschicht.
Die moderne Soziologie zeichnet demgegenüber eine Karte

unserer Lebensverhältnisse, die aussieht wie eine Kartoffelgraphik. Bekannt geworden ist vor allem die bunte Variante von 2005. Während die Pyramide eindimensional
nur die soziale Lage mit quantitativer Verteilung: unten
viel, oben wenig, abbilden konnte, stellt die sog. Kartoffelgraphik von Sinus Sociovision eine zweidimensionale
Landkarte unserer Lebenswelten dar, in der die objektiven
mit den subjektiven Faktoren kombiniert sind. 2010 ist
eine stark veränderte Variante publiziert worden, die versucht, den sich beschleunigenden Wandel in unserer Gesellschaft zu berücksichtigen.[29] Die Senkrechte bildet die
soziale Lage mit den objektivierbaren Maßgrößen ab. Dazu
gehören Einkommen, Herkunft und Bildung. Die Horizon-

---

29 Siehe die Darstellung auf Seite 48.

tale markiert zusätzlich die subjektiven Faktoren, die Mentalität, die Grundorientierung. Sind Menschen an Traditionen orientiert, sind ihnen Pflichtwerte wie Ordnung, Sauberkeit, Pünktlichkeit wichtig; oder denken sie modern, folgen sie den Leitwerten Individualismus, Fortschritt, Selbstverwirklichung; oder streben sie nach ständiger Neuorientierung? Sind sie eher die Macher oder die Experimentierer, die nicht genug vom Leben bekommen können? Erhoben wird das etwa an Medienkonsum und Medienselektion. Wie sieht es darüber hinaus mit Mode und Konsum, Freizeit und Ferien, Hobbies und Musikgeschmack aus? Kurz, erhoben wird die Ästhetisierung des Alltags. Das Heidelberger Forschungsinstitut Sinus Sociovision, das dieses Milieumodell entwickelt hat, schenkt uns einen ganz neuen Blick auf die soziale Lebenswirklichkeit. Ich nenne einige der frappierenden Ergebnisse dieser Perspektive.

b) Ergebnisse der Milieuforschung

1) Bestimmte Lebensweisen sind nicht mehr eindeutig bestimmten Schichten zuzuordnen.

In der Oberschicht ist man nicht mehr einfach konservativ, prämodern eingestellt. Der Zahnarzt *kann* ein konservativer Mercedesfahrer sein, aber auch ein Audi und Apple nutzender postmoderner Performer, Beweger; oder er ist ein Expeditiver, Ausprobierer, der sich in seiner Freizeit immer neue Extremsportarten vornimmt. Die Mittelschicht ist nicht einfach bürgerlich modern, sie ist es statistisch immer weniger; wer zu ihr gehört, kann auch experimentalistisch eingestellt sein. Die Unterschicht ist nicht mehr nur prämodern und nach oben hin ausgerichtet. Sie ist zu einem erheblichen Teil hedonistisch, lebenslustig und Fun-orientiert. Sie verweigert sich geradezu programmatisch den alten Leitwerten.

2) Nicht Schichtentheorie oder Individualisierungstheorem, sondern das Milieu-Modell kommt gesellschaftlicher Wirklichkeit am nächsten.

Wir sahen: Unsere Gesellschaft kann nicht mehr angemessen durch das herkömmliche Schichtenmodell abgebildet werden. Dazu gibt es viel zu viele fundamentale Unterschiede innerhalb einer Schicht. Aber auch das Indivi-

dualisierungstheorem (U. Beck u.a.[30]) passt nicht. Unsere
Gesellschaft besteht nicht, wie man lange Zeit unterstellt
hat, aus zig Millionen Individuen, die jedes für sich leben.
Sehr aufwändige und über drei Jahrzehnte immer weiter
fortgeschriebene Untersuchungen des Sinus-Institutes
zeigen: Menschen glucken zusammen; sie bilden statistisch abbildbare Gruppen gleich Gesinnter, auf gut Sozio-
logendeutsch: Sie hocken zusammen und klumpen in Milieus. Das Sinus Milieumodell kennt zehn dieser Lebenswelten.
Die Milieuforschung zeigt als drittes Ergebnis:

3) Unsere Gesellschaft ist fragmentiert und segmentiert.
Sie bildet keine übersichtlich gegliederte Einheit. Wir haben keinen Überblick mehr und nur noch begrenzt Einblicke in die voneinander abgeschotteten Lebenswelten.
„Die" Gesellschaft zerfällt in eine Fülle von mehr oder weniger in sich geschlossenen Milieus und Submilieus, Kulturen und Subkulturen.

c) Microm-Milieus: das Sinus-Milieu-Modell im konkreten
demographischen Raum
Richtig spannend, ja relevant wird das Sinus-Milieu-
Modell dort, wo die idealtypische Milieudifferenzierung auf
einen konkreten lokalen oder regionalen geographischen
Raum bezogen wird. Das bieten dann die auf den Sinus-
Milieus aufbauenden Microm-Milieus. Wir wissen dann
nicht nur: Es lassen sich im Prinzip zehn Milieus unterscheiden; wir können dann unter Zuhilfenahme von Geo-
daten, also zusätzlichem Wissen über die Bevölkerung in
einem konkreten geographischen Raum, auch sagen: Diese Milieus kommen da und dort in der und der Verteilung
vor.
Es bedarf keiner Erläuterung, dass hier ein exzellentes
analytisches Werkzeug für zielgruppenorientiertes missionarisches Handeln zur Verfügung steht. Die evangelischen
Kirchen in Baden und Württemberg haben die Daten für
ihren Bereich bereits angekauft. Die katholische Kirche
hat Sinus bislang mit drei Kirchenstudien beauftragt. Die
Ergebnisse haben eine äußerst intensive Diskussion über

---

30 Vgl. Ulrich Beck: Jenseits von Stand und Klasse?, in: Ulrich
Beck und Elisabeth Beck-Gernsheim (Hsg.): Riskante Freiheiten,
Frankfurt/M., 1994, 43-60; vgl. dazu Markus Schroer: Das Indivi-
duum der Gesellschaft. Synchrone und diachrone Theorieperspekti-
ven, Frankfurt/M. 2000.

die Reichweite kirchlichen Handelns angeregt. Vielerorts
sind Kirchengemeinden regional koordiniert missionarisch
aufgebrochen.

II Wichtige Resultate der Sinus-Studie

Vor allem die Ergebnisse des sog. Milieuhandbuches, der
Kirchenstudie von 2005, haben breites und bis heute an-
haltendes Aufsehen erregt. Ich referiere einige der wichtigsten Ergebnisse und diskutiere ansatzweise Konsequenzen für kirchliches Handeln:

1) *Kirche erreicht nur noch einen Bruchteil ihrer Mitglieder.*
Gemeint sind nicht einzelne, punktuelle Kontakte, nach
dem Motto: „Die waren aber doch sicher in den letzten
zwei Jahrzehnten bei irgend einer Trauung oder Beerdi-
gung dabei" – Kontakte, die in ihrer Bedeutung nicht
bestritten werden dürfen, aber doch wohl nicht reichen.
Gemeint ist viel grundsätzlicher: Kirche ist nur noch für
Glieder in 2 ½ von zehn Milieus eine relevante Größe; eine
Größe, die die Lebensführung beeinflusst. Der Eindruck
trügt nicht: Kirche ist stark, aber vorwiegend in traditionsverwurzelten Milieus. Sie ist v.a. „im traditionellen
Segment verankert", ihre Akzeptanz nimmt aber „in den
moderneren Segmenten sukzessive"[31] ab. So wichtig sie
für traditionsverwurzelte Menschen ist, so sehr verliert sie
an Gewicht, je moderner oder postmoderner sich Kirchenmitglieder orientieren.
Diese empirisch abgestützten Ergebnisse können gegen
Blindheits- und Trägheitsverabredungen (Michael N.
Ebertz)[32] helfen, nach dem Motto: „Wir erreichen doch alle. Wir sind doch Volkskirche. Wir sind doch für alle da.
Wir müssen nichts ändern. Es ist gut so, wie es ist."

---

31 Milieuhandbuch „Religiöse und kirchliche Orientierungen in den
Sinus-Milieus 2005". Im Auftrag der Medien-Dienstleistung GmbH,
München 2005,11 [= Milieuhandbuch].
32 Michael N. Ebertz: Anlassgottesdienste. Anpassung statt Angleichung – Anpassung und Angleichung, in: Heiliger Dienst 60/2006,
19–39.

2) *Die unterschiedlichen Milieus haben sehr differente, ja widersprüchliche Bilder von und Erwartungen an Kirche.*[33]

Ihre Affinität zur gegebenen Gestalt von Kirche ist sehr unterschiedlich ausgeprägt.[34]

‣ Für die *Konservativen* ist Kirche „Fundament für Moral, Kultur, Werte", eine feste Werte-Burg, in der man sich weltanschaulich zu Hause fühlt.

‣ Für die *Traditionsverwurzelten* ist sie heimatliche Volkskirche, zu der man selbstverständlich dazu gehört.

‣ Für die *Etablierten* ist sie Fundus von Hochkultur und eine große, die Gesellschaft mittragende Institution – das Problem mit ihr ist nur: „Menschen mit meinem Niveau finde ich in ihr nicht."

‣ Für *Postmaterielle* ist Kirche sozialökologische Vordenkerin und Vorkämpferin; ist Kirche Bewegung, nicht Institution.

‣ Für *Performer* wiederum ist Kirche virtuelle Dienstleisterin, „meine Präsenz dort aber – Pardon! – Zeitverschwendung".

‣ Für die *Experimentalisten* ist Kirche eine total andere Lebenswelt – „für mich dann und dort interessant, wo ich in ihr extraordinäre spirituelle Grenzerfahrungen machen kann."

‣ Für die *Konsummaterialisten* in ihrem prekären Milieu ist Kirche dagegen handfest sozial-diakonischer Rettungsanker, auch wenn man genau spürt, dass man in das dortige Format gesellschaftlichen Zusammenlebens, in die bestehenden Umgangsformen, nicht hineinpasst; „dazu fehlen einem doch schon die Klamotten."

‣ Für die *Bürgerliche Mitte* ist Kirche Familie, im besten, leider viel zu seltenen Fall „Ort für mich und meine Kinder".

---

33 Vgl. zum Folgenden die Aussagen im Milieuhandbuch.
34 Vgl. ausführlicher: Michael N. Ebertz: Anschlüsse gesucht. Kirche zwischen individueller Wahl und gruppenspezifischen Verbindlichkeiten. Ergebnisse einer neuen Milieu-Studie. Herder Korrespondenz. Monatshefte für Gesellschaft und Religion 60 (2006), 173-177; Michael N. Ebertz: Hinaus in alle Milieus? Zentrale Ergebnisse der Sinus-Milieu-Kirchenstudie, in: ders. / Hans-Georg Hunstig (Hg.): Hinaus ins Weite. Gehversuche einer milieusensiblen Kirche, Würzburg 2. Aufl. 2008, 17-35.

‣ Für *Hedonisten* ist Kirche ein „absoluter ‚No-Go', ein Ort für Spießbürger – sie ist all das, was ich selber auf keinen Fall sein will."

Manche werden aus diesem Befund flugs die These ableiten, dass Konservative und Traditionsverwurzelte Gott eben näher stehen und sozusagen die natürlichen Kirchenmitglieder sind. Könnte es aber nicht umgekehrt sein, dass die gegebene, real existierende Kirche mit ihrem über Jahrhunderte gewordenen *Outfit* einfach besser zu den Einstellungen im prämodernen Segment passt, Menschen mit einer postmodernen Mentalität aber den Zugang zu Kirche, Glaube, Gott eher versperrt? Es ist ja sehr die Frage, zu welchem Gott sie da Distanz halten. Vielleicht wären sie ja offener für einen weniger etablierten, für einen nicht metaphysisch konstruierten Gott; für einen Gott, der auch Fragen und Skepsis und Distanz zulässt – also den Gott, auf den wir in der Bibel auf Schritt und Tritt treffen.

Auf Spitz und Knopf gefragt: Ist Kirche ihrem Wesen nach konservativ und traditionsgebunden? Müssen sich alle Kirchenmitglieder in das vorherrschende ortsgemeindliche Format kirchlichen Lebens einfügen – oder sie dürfen gehen? Ist wirklich Kirche für alle da? Aber muss sie sich dann nicht so öffnen, auch in den Gestalten ihres Lebens, dass auch Menschen mit einer anderen als prämodernen oder gemäßigt modernen Mentalität den Zugang zu ihr finden können?

3) Grundsätzlich finden sich in allen Milieus Kirchenmitglieder.

Dass es Gläubige auch im hedonistischen und expeditiven Milieu gibt, weist mindestens darauf hin, dass Glaube, Kirche, Gott nicht für Konservative reserviert sind; übrigens auch nicht für moderne und liberale.

Es gibt Glauben auch in sogenannten kirchenfernen Milieus. Es gibt intensive Suche nach Spiritualität, es gibt aktives Streben nach Lebenssinn verbreitet auch in den C-Segmenten der Milieu-Graphik, allerdings nicht formatiert im Sinne einer „übergeordneten, die ganze Lebenszeit umfassenden und das eigene Leben überdauernden jenseitigen Sinninstanz."[35]

Die Frage ist: Wo sind diese Menschen? Warum kommen sie nicht zu uns? Warum bleiben sie Kirche fern? Könnte es sein, dass gerade die – wie es so schön heißt – vor-

---

35 Milieuhandbuch, 13.

herrschenden Milieus anderen Milieus den Zugang zu Kirche und Christus versperren? Dabei geht es weniger um eine Frage der Theologie als des Habitus.

4) Kirche ist wie Gesellschaft segmentiert und fragmentiert.

Kirche ist bereits im Milieu, sie ist bereits Milieukirche, wo sie für traditionsorientierte Menschen Angebote mit einer auf sie zugeschnittenen Ästhetik macht. Kirche ist stark in diesem Milieu, und sie soll es auch bleiben. Die Herausforderung besteht allein darin, dass sie das traditionsorientierte Milieu nicht unter der Hand zum Leitmilieu erklärt; dass erwartet wird, dass sich ihm anpassen, sich zu ihm bekehren muss, wer in Kirche einkehren und in Kirche mitleben will.

Es ist nicht ein Milieu das Ganze, auch wenn in der Regel ein Milieu das ganze kirchliche Leben vor Ort dominiert. Es können auch die Etablierten oder die Postmateriellen sein, die so dominieren, dass sich alle anderen Milieus wirksam ausgeschlossen wissen und unerwünscht fühlen. So sind Menschen eben. Ob wir uns auch für die Kirche einfach damit abfinden wollen – genau das ist die Frage.

Die Segmentierung der Gesellschaft setzt sich in der Kirche fort. Einheit der Kirche kann aber nicht heißen, alle Kirchenmitglieder in eine Lebenswelt zu integrieren, sondern Mitgliedern aus allen Milieus Zugang zum Glauben zu ermöglichen und Menschen aus allen Milieus anzusprechen.

5) Die verschiedenen Milieus sind durch tiefe Verstehensbarrieren und nicht-kognitive „Ekelschranken" voneinander separiert.

Es gibt zwar mit benachbarten Milieus Überschneidungsflächen. Aber viele Milieus haben keinerlei Berührungen zueinander. Der Etablierte und der Hedonist begegnen einander quasi als „Aliens", als Wesen aus einer anderen Welt – wenn sie einander denn begegnen würden. Sie verstehen einander nicht. „Wie kann man sich nur so kleiden? Wie kann man nur so reden?" Das meint nicht nur eine kognitive Barriere, sondern auch einen emotionalen Graben. „Kein Verständnis haben" meint nicht nur eine kognitive Irritation, sondern eine tiefe gefühlsmäßige Abwehr. Die moderne Soziologie spricht in Aufnahme von Kategorien aus der Kulturanthropologie und Ethnologie von „Ekelschranken" zwischen den Milieus.[36] Das Verhalten und die Lebensweise des ganz Anderen werden nicht aus der Logik der fremden Lebenswelt heraus rekonstruiert. Mode, Outfit, Sprache und Slang, Gebaren und Gebärden – sie stoßen vielfach nur ab. Wir haben es mit einer nicht nur mentalen Herausforderung zu tun.[37] Die Provokation, die Menschen in unserer pluriformen, multikulturellen Gesellschaft für einander bedeuten, ist viel elementarer. Wie kann Kirche, die Kirche für alle sein will, Ekelschranken begegnen? Was kann sie ihnen entgegensetzen? Milieuvermischungen, Mischkulturen, etwa im Gottesdienst bewähren sich erkennbar nicht. Was helfen kann, ist das Einüben von zunächst punktuellen, erklärten, liebevollen Milieuüberschreitungen; das Einüben von Milieutoleranz, ich könnte auch ganz unakademisch sagen: das Ringen um Liebe zu dem, der so ganz anders ist als ich.

6) Die Milieus bilden je für sich einen Werte-Archipel mit sehr eigenständigen ästhetischen und ethischen Orientierungen.

Während für die herkömmliche pyramidale Gesellschaftsformation die Werte *top down* galten, während früher von der Spitze der gesellschaftlichen Pyramide her gedacht und gefühlt wurde – übrigens gerade auch dann, wenn man nicht zu ihr gehörte! –, sind solche Orientierungen nach oben heute nur noch das Spezifikum einiger weniger Milieus, etwa der Traditionsorientierten, die zu den Konservativ-Etablierten hochschauen, und der Konsum-Materialisten, die aufsteigen möchten in die bürgerliche Mitte. Für Experimentalisten und v.a. Hedonisten gilt diese hierarchische Orientierung programmatisch nicht, übrigens auch nicht für das ökologisch-soziale Milieu. Wir haben es heute nicht mehr mit einer spitz zulaufenden Pyramide *top down* vermittelter Werte zu tun. Kennzeichnend ist nun eher das Bild vom Wertearchipel, in dem sehr unterschiedliche, vielfach einander ausschließende ethische und ästhetische Grundorientierungen nebeneinander existieren.

---

36 Vgl. Heinzpeter Hempelmann: Vielfalt in der Kirche? Unterschiedliche Milieus und Mentalitäten der Kirchenmitglieder als Problem, Herausforderung und Chance, 9ff (zum Download auf www.heinzpeter-hempelmann.de).
37 Vgl. die bahnbrechende Arbeit von Pierre Bourdieu: Die feinen Unterschiede. Kritik der gesellschaftlichen Urteilskraft, Frankfurt/M. 1987 (dt. 1982).

Für Kirche bedeutet das: Die bis heute festgehaltene Überzeugung, über eine Leitästhetik zu verfügen, auf die sich andere einzulassen haben, wenn sie sich richtig verhalten und korrekt denken wollen, stellt einen Anachronismus dar. Derartige kirchliche Geltungsansprüche werden nicht mehr respektiert, vielfach gar nicht mehr verstanden. Sie sind so überlebt, dass man sich zu ihnen vielfach nur noch gleichgültig, also gar nicht verhält, sich noch nicht einmal mehr über sie ärgert.[38] Kirche kann viele Menschen nicht mehr dadurch gewinnen, dass sie sie kommen lässt und ihnen verkündet, was wichtig und richtig ist; sie kann gewinnen nur, indem sie hingeht, Teil der ihr fremden Lebenswelten wird, Interesse an ihnen zeigt, dabei, dazwischen ist, in ihnen präsent ist, vor Ort, *da* ist; sich auf die ganz anderen Grundorientierungen einlässt.

III Der Spur des zu uns heruntergekommenen Gottes folgen

Um es mit einem Lied des Deutschrappers Xavier Naidoo zu sagen: „Dieser Weg wird kein leichter sein." Aber wenn wir ihn gehen, folgen wir – um ein Sprachspiel von Michael Herbst aufzunehmen – der Spur des heruntergekommenen, des zu uns heruntergekommenen Gottes.[39] Wir nehmen Teil an seiner Mission; *sind* Teil seiner Mission. In atemberaubenden Bildern beschreiben v. a. der Hebräerbrief und der Christus-Hymnus von Phil 2 die Kommunikationsweise des dreieinigen Gottes. Ich möchte fünf wegweisende Merkmale dieses Weges Gottes besonders hervorheben:

1. Der Sohn verlässt die himmlische Herrlichkeit beim Vater. Er kommt zu uns; er hockt nicht auf seinen göttlichen Privilegien und Monopolen. Er gibt die himmlische Herrlichkeit preis und setzt sich aus; er wird Mensch. Das Johannesevangelium sagt: Er wird „Fleisch", teilt also unsere schwierigen, notvollen Lebensbedingungen; er begibt sich hinein in unsere Lebenswelt; wird Teil unseres Milieus. Joh 1 fährt fort: „Er zeltete unter uns". Ein nomadisierender Gott, Gott unterwegs, ein sehr postmoderner Gott.

---

38 Milieuhandbuch, 12-15.
39 Michael Herbst: Reden vom heruntergekommenen Gott, Neukirchen-Vluyn 2001.

2. Obwohl er beim Vater alles hat, bemerkt er, was fehlt; dass *wir* fehlen; erfasst ihn die Sehnsucht nach denen, die nicht da sind, in dieser himmlischen Herrlichkeit. Nur deshalb kann er bei uns sein, weil wir, die nicht da sind, ihm etwas bedeuten.

3. Der Sohn – so der Philipperbrief wörtlich – „entleert" sich. Er macht sich selbst „zu nichts", modern gesprochen: Er gibt seine Identität auf. Er, Gott, wird verwechselbar mit uns Menschen. Er verlässt die himmlischen Mauern und die festen Burgen. Er setzt sich aus. Nur so kann er bei uns sein.

4. Der Sohn gibt den „Standpunkt über", den Urteilsstandpunkt absoluter göttlicher Überlegenheit auf. Der Hebräerbrief – man muss schon sagen – riskiert die Aussage: Er lernt an dem, was er leidet (vgl. 5,8); was er in unserer Menschenwelt erleidet; was ihm hier bei uns, im eben doch fremden Milieu, begegnet. Er wird in allem versucht wie wir, heißt es in Hebr 4,15. Hier, in der Tiefe, wächst ihm über der Begegnung mit der real verlorenen Welt noch einmal eine andere Sicht zu. Nur so kann er uns erkennen, wirklich erkennen, dass er bei uns ist und unsere Lebensverhältnisse teilt.

5. Der Sohn Gottes – noch einmal ein Hammersatz – *wird* barmherzig; er lernt Barmherzigkeit (Hebr 2,17; 5,8). Aus dem „pathein", dem Leiden, resultiert ein „empathein", ein Sich-Hineinfühlen, Nachempfinden, und aus der empiriegestützten Empathie wird schließlich Sympathie, Sympathie für unser Milieu, wörtlich Mit-Leiden: „Daher musste er (der Sohn Gottes) in allem seinen Menschenbrüdern gleich werden, damit er barmherzig würde ... Denn woran er selber gelitten hat und versucht worden ist, kann er denen helfen, die versucht werden." (2,17f) Nur so kann er bei uns sein.

So kommuniziert Gott; nur so kann er bei uns sein; nur so erreicht er uns. Der Hebräerbrief wagt den Satz, dass der Sohn durch diese Inkarnation in unser Milieu „vollendet/vollkommen gemacht" worden ist (5,9; *teleiootheis*"). Was bedeutet das für uns?

IV Konsequenzen

1. Kirche, die Teil hat an der Mission des heruntergekommenen Gottes, verlässt die dicken Mauern ihrer
   angestammten Lebenswelt, weil sie bei den Menschen
   sein will. Sie wird nomadisierende Kirche, Kirche unterwegs, Kirche im Milieu.
2. Kirche des heruntergekommenen Gottes hat eine
   Sehnsucht nach denen, die nicht da sind. Die Liebe,
   das Interesse an den anderen, die auch zu ihr gehören, die Christus ebenfalls gerufen hat, treibt sie um.
3. Kirche des heruntergekommenen Gottes interessiert
   sich. Sie ist dabei, dazwischen, und dabei kann es
   passieren, dass sie sich überschreitet und nicht mehr
   weiß, wer sie ist, und ihre feste Gestalt und Identität
   hinter sich lässt, einfach nur, um bei den Menschen
   zu sein.
4. Milieuüberschreitende, sich selbst überschreitende
   Kirche verlässt den Platz, an dem sie über Jahrhunderte gehockt hat. Jetzt muss und darf sie endlich
   denen hinterher, die schon lange aus ihr ausgezogen
   und schon ganz woanders sind; unter den Arbeitslo-
   sen[40] und den Akademikern; unter den Armen und
   den Arrivierten. Sie findet zu neuen Gestalten. Sie
   wird sich nicht nur wohlfühlen dabei; sie wird sich
   nicht mehr so sicher fühlen. Sie wird sich fragen, ob
   sie noch „dieselbe" ist. Aber sie wird bei den Menschen sein. Die Unterschiedlichkeit der Glieder wird
   ihr zu einem ganz großen Reichtum werden, der auch
   die mindestens teilweise entschädigt, die gerne zu-
   rückgeblieben und nicht aufgebrochen wären.
5. Kirche des heruntergekommenen Gottes ist ihr Milieu
   überschreitende Kirche. Mission ist das Strukturprinzip dieser Kirche. Sie lässt sich ihr Format durch ihren Auftrag vorgeben und ihre Gestalten durch ihren
   Auftrag bestimmen. Eben deshalb wird sie die Parochie nicht preisgeben. Für viele ihrer Glieder ist Parochie Heimat. Ebensowenig lässt sie sich ein auf die
   falsche Alternative von Ortsgemeinde oder „Fresh Expressions". Sie folgt dem alten, bewährten, sogar theo-

---

[40] Kirche ist noch nicht als Kirche im prekären Milieu, indem sie
Tafeln organisiert und durchführt. Die Inkarnation des Evangeliums
ist etwas anderes, als aus einer gesicherten Position heraus, „von
oben herab" soziale Hilfe zu leisten, so wichtig und unverzichtbar
das ist. Wie wird Kirche zur Kirche im prekären Milieu?

logisch fundierten Bauhaus-Grundsatz: „Form follows Function".[41]
Bei diesen Prozessen können die Milieuanalysen und -reflexionen eine Hilfe sein, nicht mehr, aber auch nicht weniger.

Ich fasse zusammen und komme zum Schluss:

1. Milieuforschung kann Augenöffner sein: *Da gibt es Kirchenmitglieder und Christen in noch ganz anderen als unseren, uns bekannten Lebenswelten.*
2. Milieuforschung kann „Sehhilfe" (C. Schulz)[42] sein: *Wie sehen denn die Menschen aus; wie leben denn die Menschen, die zwar noch zur Kirche gehören, die wir aber kaum noch erreichen, aber so gerne erreichen möchten?*
3. Milieu- und Mentalitätsforschung kann Hermeneutin des uns weitgehend Fremden sein und helfen, die implizite Logik einer Lebenswelt zu verstehen, die nicht die unsere ist und die uns weitgehend verschlossen ist.
4. Milieuforschung kann uns mit ihren Beschreibungen helfen, nach weiteren Andockmöglichkeiten in den Lebenswelten der bisher wenig Erreichten zu fragen. Sie kann uns helfen, relevante Angebote für die zu machen, die Kirche durchaus näherkommen möchten.
5. Milieuforschung kann uns helfen, Gottesdienst und Gemeindearbeit, zielgruppenorientierte Angebote und Mitarbeit auszudifferenzieren. Wir machen dann nicht mehr „Jugendarbeit", sondern fokussieren uns auf eines oder zwei der vielfach auszudifferenzierenden Jugendmilieus. Wir machen dann keinen Motorradgottesdienst, sondern sprechen etablierte Cruiser oder junge Racer oder hedonistische Aussteiger, sprich Rocker, an.
6. Milieuforschung kann uns einen Spiegel vorhalten: *So siehst Du aus. So wirst Du wahrgenommen. Das stellst Du in den Augen anderer dar.* – Erst durch diesen

---

41 In einem analogen Sinn bei dem Architekten Louis Sullivan: The tall office building artistically considered, Lippincott's Magazine, März 1896.
42 Vgl. Claudia Schulz / Eberhard Hauschildt / Eike Kohler: Milieus praktisch. Analyse- und Planungshilfen für Kirche und Gemeinde, Göttingen 2008, Einführung.

Spiegel sind wir in der Lage, uns dafür zu entscheiden, ob wir so oder anders sein wollen.

7. Milieuforschung hilft „Dos" und „Don'ts" zu identifizieren: *Was öffnet den Zugang zu Menschen in einem bestimmten Milieu, und was verschießt ihn unter Garantie?*

8. Milieuforschung deckt die Milieugefangenschaft von Kirche auf. Sie klärt auf: Die real gegebene Kirche vor Ort ist nicht die ganze Kirche. Wer die konkrete Gestalt kirchlichen Lebens sanktifiziert, schließt anders tickende Menschen, die nicht in dieses Format passen, effektiv aus. Wer die ganze Kirche, die Einheit von Kirche will, muss die Milieugefangenschaft von Kirche hinter sich lassen und ausziehen.

Ich zitiere noch einmal Xavier Naidoo:
Dieser Weg wird kein leichter sein.
Dieser Weg ist steinig und schwer.
Nicht mit vielen wirst du dir einig sein.
Doch dieses Leben bietet soviel mehr.[43]

Ich wünsche Ihnen und mir, dass wir die Kraft bekommen, uns nicht durch Schweigevereinbarungen und Blindheitsverabredungen ausbremsen zu lassen und auch gegen Widerstände zur Zukunft von Kirche mit „Fresh Expressions aufzubrechen. Es lohnt sich.

---

43 Aus dem Album „Telegramm für X" (2005).

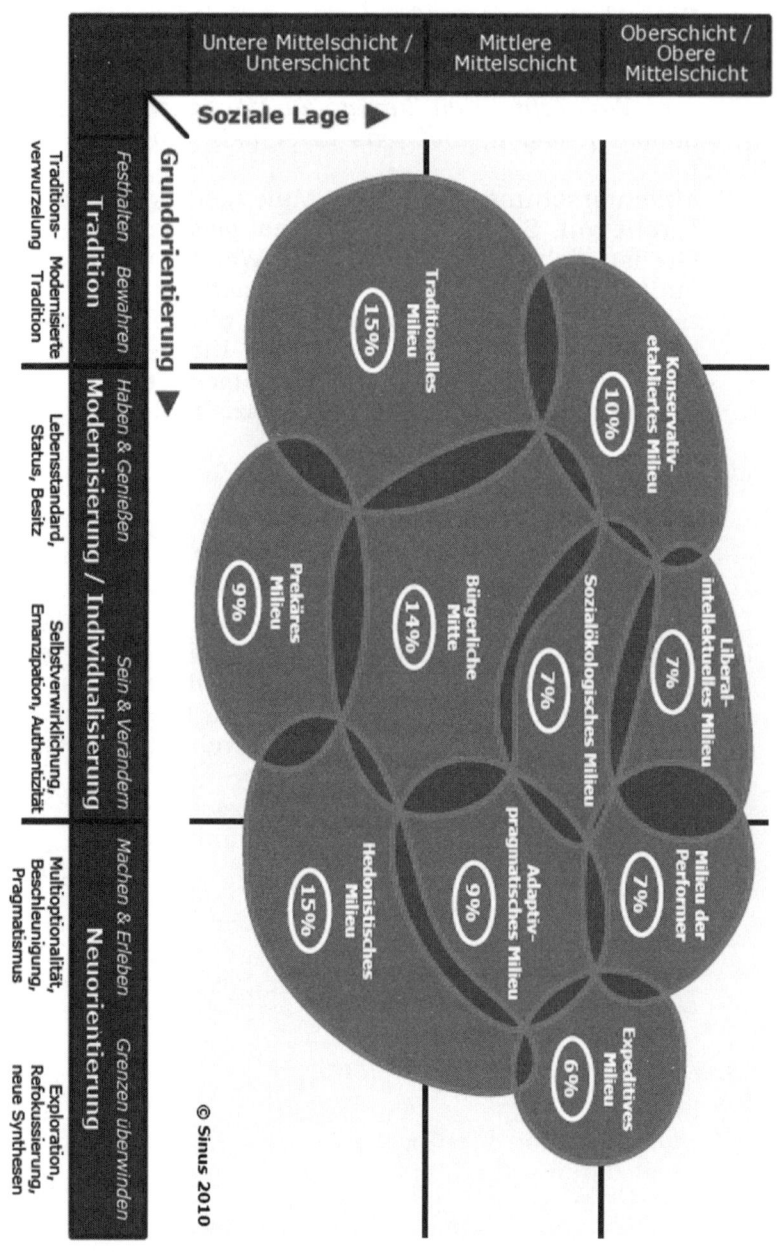

Teil B:
FAQs: ... und die Konsequenzen?

Im ersten Teil habe ich einige Grundzüge der Mission Gottes geschildert und darzustellen versucht, inwiefern uns moderne Sozialwissenschaft helfen kann, diesem Weg Gottes ins Milieu zu folgen. Dieser Ansatz ist radikal und führt zu weit reichenden Konsequenzen, mit denen sich notwendigerweise eine ganze Reihe von Fragen verbinden. Im zweiten Teil meines Referates möchte ich auf einige *Frequently asked Questions* (FAQs), häufig gestellte Fragen, eingehen:

I ... und was wird aus der traditionellen Gestalt von Kirche?

1) Wie sieht es mit der Parochie aus? Brauchen wir die in Zukunft dann noch? Soll die traditionelle Gestalt von Kirche einfach abgeschafft werden?
Die traditionelle Ortsgemeinde mit ihren tragenden Strukturen ist das Rückgrat unserer Volkskirche. Wir brauchen die Parochie auch weiterhin. Sie ist auf absehbare Zeit unaufgebbar. Es geht nicht um die Beseitigung der Ortskirchengemeinden mit ihrer parochialen Struktur. „Fresh Expressions" sollen die Parochie nicht ersetzen. Sie können es nicht. Aber sie können die Parochie ergänzen. Sie müssen es, wenn Kirche ihrem missionarischen Auftrag und Anspruch gerecht werden will.

2) Wenn die traditionelle Gestalt von Kirche, die über Jahrzehnte und Jahrhunderte gewachsen und sich bewährt hat, so ergänzungsbedürftig ist, haben wir dann alles schlecht gemacht? Wird nicht missachtet, was Parochie geleistet hat und leistet?
Es ist vollkommen richtig: Die Parochie hat über sehr lange Zeit sehr viele Menschen erreicht, und die ortsgemeindliche Organisation kirchlichen Lebens erreicht noch heute sehr viele Menschen. Wir dürfen ohne Übertreibung sagen: Auf der kirchengemeindlichen Gestalt von Kirche ruht bis heute ein ungeheurer Segen. Wir ahnen ja nur, in welchem Umfang und welcher Breite hier verkündigt, beraten, getröstet, auch diakonisch geholfen wird. Es gibt außer der Deutschen Post keine Institution in Deutschland, die so flächendeckend präsent ist und die Menschen erreicht.

Andererseits verharren die Kirchenaustrittszahlen seit zwanzig Jahren auf sehr hohem Niveau. In den letzten beiden Jahrzehnten hat die Evangelische Kirche per Saldo 4,9 Millionen Mitglieder verloren.[44] Untersuchungen der EKD zeigen, dass die Austrittsbereitschaft bei den Menschen am höchsten ist, die einen jugendkulturell-modernen, hochkulturell-modernen oder einen Do-it-yourself-geprägten modernen Lebensstil haben.[45] Entscheidend für die Entfremdung von der Kirche sind nicht theologische Gründe oder religionskritische Einwände. Die Kirche entspricht weithin einfach nicht dem Lebensstil, der Lebenswelt, dem Lebensrhythmus moderner bzw. postmoderner Menschen. Sie passt in ihrer gegebenen Gestalt vielfach nicht dazu. Die Statistik der Kircheneintritte belegt nicht die häufig gehörte Mutmaßung, junge Menschen würden im Alter schon noch wieder den Weg in die Kirche finden. Warum sollten sie in einem immer säkularer werdenden Umfeld und nach Jahrzehnten der Abgewöhnung den Weg zurück finden?

Kirche ist oft nicht mehr da, wo die Menschen sind. Und die Menschen sind vielfach nicht mehr da, wo die Kirche ist. Darum brauchen wir Gestalten und Gestaltwerdungen von Kirche, die die Parochie nicht ersetzen, aber ergänzen.

3) Wo bleiben die Traditionsverwurzelten, die Konservativen, für die Kirche Heimat, Hort des Unveränderlichen ist? Wollen wir die preisgeben? Verlieren wir sie nicht womöglich? Verlieren wir mit ihnen nicht die Gemeindeglieder, die wir noch haben und die kirchliches Leben tragen?

Das ist in der Tat eine Herausforderung. Die Traditionsverwurzelten und Konservativen dürfen und wollen wir nicht verlieren. Im Gegenteil! Hier sind wir schon gut, und

---

44 Die EKD-Zahlen beziehen sich auf die Jahre 1991-2008. 3,7 Mio Kirchenaustritte und 6,7 Mio Sterbefälle konnten durch die 5,3 Mio Taufen und Aufnahmen nicht annähernd ausgeglichen werden. Der Mitgliederschwund ist dramatisch und wird eben auch durch die abnehmende Bereitschaft, die eigenen Kinder taufen zu lassen, und die demographische Entwicklung einer insgesamt abnehmenden Bevölkerung verstärkt.
45 Vgl. Friederike Benthaus-Apel: Lebensstilspezifische Zugänge zur Kirchenmitgliedschaft. In: Wolfgang Huber u.a. (Hg.): Kirche in der Vielfalt der Lebensbezüge. Die vierte EKD-Erhebung über Kirchenmitgliedschaft, Gütersloh 2006, 205-235. Diese Beobachtung wird durch das Milieuhandbuch, 11 u.ö., gestützt.

hier sollten wir als Kirche eher noch stärker werden wollen. Wir wollen noch verstärkt um sie werben. Wir müssen auch den Fehler vermeiden, eine Mischkultur anzubieten, die niemandem mehr richtig gefällt. *Milieuvermischung* im Gottesdienst – nein danke! Die Milieuforschung macht ja gerade sensibel für die Schranken, Grenzen und die Fremdheit zwischen Menschengruppen. Aber wie wäre es denn mit *Milieu-Spreizung*? Mit dem Einüben von *Milieu-Toleranz* – aus Liebe? Mit einer behutsamen Öffnung, bei der ich sensibel werbe und die traditionellen Milieugrenzen auch reflektiert überschreite. Wichtig ist, dass man erklärt, was man tut. Warum im Gottesdienst nicht nur Choräle, sondern auch englische Anbetungslieder gesungen werden; warum es nicht nur die Orgel gibt, sondern auch ein elektrisches Klavier.

Die einen gewinnen, die anderen nicht verlieren! Das muss unser Motto sein. Das geht freilich nur durch eine Vielgestaltigkeit von Kirche; einer Kirche, die auf der einen Seite traditionsorientierten Menschen ihre Heimat bietet, sich andererseits inkarniert in die Lebenswelten der Postmodernen hinein; die einerseits ganz traditionell Kirche im Dorf ist, andererseits für unterschiedliche Menschen in ihrer jeweiligen Lebenswelt vielgestaltige Andockmöglichkeiten bietet. Kirche in der Kneipe, Kirche im Café, Glaubenskurse im Pub, Gottesdienstbrunch im Kleinkunsttheater; zusammen Brot backen im sozialen Brennpunkt und dabei reden, Gemeinschaft haben, über Gott und die Welt sprechen.[46] Auch das ist Kirche, inkarnierte Kirche; Kirche, die bei den Menschen ist. Kirche, die nicht mehr bloß sagt: „Komm zu mir, pass dich an, wenn du etwas von mir willst!"; Kirche, die selber hingeht, zu den Menschen, dahin, wo die Menschen sind.

---

46 Vgl. Andreas Schlamm: Im Café unverhofft Gott getroffen, in UNSERE KIRCHE (Bielefeld), Nr. 3/2009,11; ders.: Christliche Cafés als Ausdruck einer missionarischen Kirche in einem sich wandelnden sozialen Kontext. Warum die Kirche Netzwerkgemeinden braucht, in: Marion Lamm-Dietrich / Peter Dietrich / Andreas Schlamm: Essen mit Gott in Deutschland, Neukirchen-Vluyn 2007.

4) Die Frage ist aber doch: Wird hier die Ordnung nicht auf den Kopf gestellt? Die Frage lautet doch: Wer muss sich nach wem richten? Das Evangelium nach den Menschen oder die Menschen nach dem Evangelium? Wenn Kirche, Glaube, Christus nicht zu einzelnen Milieus passt, müssen sich dann nicht die Menschen ändern?

Zunächst, Christus richtet sich nach uns, weil wir uns nicht nach ihm richten können. Er kommt zu uns, passt sich uns an, er wird Mensch, verlässt die himmlische Herrlichkeit und kommt in unser Milieu. Er wartet eben nicht mehr, dass wir erst heilig werden und korrekt angepasst sind, bevor er sich auf uns einlässt. Dieser Spur des heruntergekommenen Gottes wollen wir folgen.

Dann lebt die Frage von Voraussetzungen, die man unbedingt hinterfragen muss: Ist die real existierende Kirche identisch mit der Kirche? Verkörpert sie, sie allein, das Evangelium? Kann das Evangelium nur diese eine Gestalt haben, die unser bildungsbürgerlich geprägtes, mehrheitlich traditionsverwurzeltes kirchliches Leben hat? Die gegenwärtig an den meisten Orten real existierende Kirche verkörpert nicht in Reinform das Evangelium, sondern stellt selbst nur eine Milieu-Gestalt der Kirche dar. Ganz schwierig wird es, wenn wir diese partikulare Gestalt von Kirche mit der Kirche an sich verwechseln.

5) Wird sich aber nicht das Milieu ändern, wird sich nicht die Lebensweise und die Lebenswelt der Menschen dort spezifisch ändern, wo Menschen ihr Christsein leben?

Keine der vorhandenen Milieus oder so unterschiedlichen Mentalitäten sind als solche mit dem Evangelium und einer evangelischen, dem Evangelium entsprechenden, aus dem Evangelium herauswachsenden Lebensgestalt identisch. Das Evangelium ist, so Paulus, eine Kraft Gottes, die kritisch und erneuernd in unser aller Lebensweisen hineinwirkt. Und tatsächlich wird sich das Zusammenleben von Menschen in einem Milieu verändern, wo diese sich dem Reden Gottes aussetzen und auf Gottes Reden hören. Da entsteht dann tatsächlich eine erneuerte, neue Lebensgestalt. Das bedeutet aber nicht, wie es konservative Christen oft unterstellen, dass hedonistische oder experimentalistische Jugendliche nun lammfromm im Sonntagmorgengottesdienst sitzen und diesen still ertragen, eben weil der der richtige wäre. Wir dürfen keine doppelte

Bekehrung erwarten: erst eine zu Christus und dann eine ins traditionsverwurzelte Milieu einer durch und durch klein- oder allenfalls bildungsbürgerlichen Kirche. Wenn unser Leben christusförmiger wird, wird es nicht automatisch bürgerlicher, konservativer. Ganz im Gegenteil! Für etablierte Christen verlangt das vielfach ein enormes Umdenken. Annäherung an Kirche und Christus ist nicht gleichbedeutend mit Annäherung an die Kirchengemeinde vor Ort. Es bedeutet in vielen Fällen, dass Menschen einen Zugang zu Glaube und Kirche gefunden haben, der der Logik ihrer Lebenswelt entspricht und in ihrer Lebensweise verankert ist. Ein solcher Zugang kann sehr anders aussehen als die Partizipation am Leben der traditionellen Kirchengemeinde vor Ort.

Das Evangelium ist eine kulturelle Kraft eigener Art, die allen unseren Lebensweisen noch einmal kritisch gegenübersteht und die uns auch einander näherführt, je mehr wir uns durch es verändern lassen.

II ... und wo bleibt die Einheit?

6) Aber wie soll denn dann Kirche aussehen? Wenn sie so vielgestaltig wird, wo bleibt dann ihre Einheit?

Zunächst, an der Lebenswelt orientierte Formate von Gemeinde zerbrechen nicht die Einheit der Kirche. Diese Einheit ist ja schon gar nicht mehr da. Durch die gegenwärtige, sehr geprägte Gestalt, in der sich ein Teil der Kirchenmitglieder wohlfühlt, schließen wir ja umgekehrt sehr viele andere aus. Die Einseitigkeit einer oft genug sehr bildungsbürgerlichen Kirche, die sich an einem traditionsverwurzelten Klientel orientiert, schließt Einheit ja schon aus. Sozialwissenschaft lehrt uns sehen: Auch das in einer Kirchengemeinde vor Ort vorherrschende Milieu hat ebenso sehr inkludierende wie exkludierende Wirkung.

7) Aber wie könnte denn eine Kirche aussehen, die tatsächlich Vielgestaltigkeit und Einheit vereint?

Wir brauchen beides: Sendung und Sammlung. Wir brauchen zunächst eine *Diversifizierung*, die Menschen in ihre Lebenswelten folgt, die die inkarnatorische Bewegung Gottes nachvollzieht, und sich dabei auch nicht scheut, ihre anschauliche, identifizierbare, über Jahrhunderte gewordene Gestalt aufzugeben. Wir brauchen andererseits eine *Sammlung*, die die Einheit in Christus aufleuchten lässt. Paulus berichtet, wie die Beziehung zu Christus alle Unterschiede relativiert: In der gemeinsamen Ausrichtung auf ihn, die von sehr unterschiedlichen Ausgangspunkten aus passieren kann, werden kulturelle Gräben überwindbar, und mentale Differenzen spielen nicht mehr die entscheidende Rolle. *In Christus* ist dann „nicht mehr Grieche noch Jude, weder Beschneidung noch Unbeschnittenheit, weder Barbar noch Skythe, weder Sklave noch Freier, sondern Christus alles in allen." (Kol 3,11)

Ein Modell wäre: Christen leben in ihren milieuspezifischen Gestalten von Kirche, zu denen ja auch der Sonntagmorgengottesdienst gehört, der im Regelfall ebenfalls eine Submilieuveranstaltung für das traditionsverwurzelte Milieu ist. Aber alle vier bis sechs Wochen kommen sie zu einem gemeinsamen Gottesdienst zusammen und feiern gemeinsam ihren Herrn. Dabei bringen sie sich milieuspezifisch ein. Hier wird die Unterschiedlichkeit zum Reichtum dessen, was der Herr seiner Gemeinde geschenkt hat. Hier wird dann Milieu-Toleranz, theologisch gesprochen: *„philia"*, Geschwisterliebe, eingeübt. Die Herausforderung ist nicht neu. Der Lösungsansatz ebenso wenig.

Vor Überforderung müssen wir uns hüten. Wir erleben es ja, wie um Fragen der Gottesdienstgestaltung "Worship wars" geführt werden, wie der amerikanische Gemeindebautheologe Patrik Kiefert das nennt. Aber wer, wenn nicht wir, kann zur Annahme von Menschen finden, die ganz anders sind und deren Lebensweise uns fremd, „strange", abstoßend vorkommt?

Entscheidend für den ganzen Prozess sind zwei Bewegungen: Zum einen: Die kirchenleitenden Personen geben ihren Segen zu den Aufbrüchen, Impulsen und Versuchen. Sie sehen – bei allen Risiken und Fragen, die hier ggf. gegeben sind – in diesen Impulsen nicht in erster Linie Bedrohungen, sondern Chancen und Modelle, die Förderung und Unterstützung, ja Schutz verdienen, damit sie werden können, was sie sein sollen: sinnvolle Ergänzungen in der einen Kirche. Zum anderen, genauso wichtig: Die Christen und Gruppen, die aufbrechen, vertrauen ihren Kirchenleitungen. Sie suchen den Kontakt zu ihnen. Sie verstehen sich als Teil der Kirchen, die sie unterstützen. Sie widerstehen der Versuchung, den einfachen Weg zu gehen und einfach einen eigenen Weg zu gehen. Beide Vorgänge gehören erkennbar zusammen und sind interdependent. Beide Momente von Kirche gehören zusammen und bedürfen einander: die Trägerstruktur und der „Ausleger". Je fester erstere ist, desto weiter kann letzterer ausgreifen. Je weiter der Ausleger ausgreift, umso weiter reicht aber die missionarische Ausstrahlungskraft der Kirche, die aus beidem besteht: frischen und bewährten Formen von Gemeinde.

III ... und wo sollen die Ressourcen herkommen?

8) Kommen wir zur Ressourcenfrage. Wer soll das denn alles leisten? Sind die Pfarrer und Pfarrerinnen nicht jetzt schon überlastet? Und werden die Ressourcen an Zeit, Kraft und Personal zukünftig nicht noch abnehmen? Ist es nicht doch besser, sich auf die zu konzentrieren, die noch am kirchlichen Leben teilnehmen?

Die Ressourcen sind da. Wir nutzen sie nur nicht optimal. In der Stadt bestehen vielfach in großer räumlicher Nähe zueinander nahezu identische Angebote und Dienste von Kirche. Wir müssen das Kirchturmsdenken überwinden und die heute noch nahezu selbstverständliche Erwartung, jede Kirchengemeinde müsse ein All-inclusive-Komplettangebot vorhalten. Oft spielt auch die Konkurrenz zwischen Kirchengemeinden und Kollegen eine Rolle: Was macht der, was wir nicht machen? Wir kommen weiter, wenn an die Stelle der Konkurrenz die arbeitsteilige Kooperation tritt; wenn wir auf gabenorientierte Delegation von Aufgaben setzen. Auf regionaler Ebene gibt es ungeheure Möglichkeiten zur Zusammenarbeit, die den Einzelnen entlasten können. Diese Perspektive gilt es zu entdecken, zu fördern und zu kommunizieren.

9) Könnte Delegation nicht bedeuten: Die evangelische Kirchengemeinde konzentriert sich auf die Milieus, in denen sie stark ist, also auf ihre traditionsverwurzelten Glieder, und die Freikirchen fokussieren die anderen Milieus?

Tatsache ist, dass die allermeisten Freikirchen, jedenfalls soweit sie etabliert sind, wie etwa die Baptisten und die Freien Evangelischen Gemeinden, sich im Wesentlichen um dasselbe Klientel bemühen wie die Kirchengemeinden. Auch bei ihnen gibt es eine Milieu-Gefangenschaft, mindestens Milieu-Befangenheit des Glaubens. Eine solche Delegation funktioniert nicht.

10) Aber wie soll ich als Pfarrer bzw. Pfarrerin andere, mir völlig fremde Milieus erreichen, wenn ich doch selber zu einem bestimmten Milieu gehöre?

Es ist völlig richtig: Nach einer Untersuchung des westfälischen Amtes für missionarische Dienste gehören ca. 90 % der Pfarrerinnen und Pfarrer zum postmateriellen Leitmilieu[47]. Die Sozialisation in den Herkunftsfamilien und das Studium bedeuten eine bestimmte Prägung, und die können und wollen und sollen wir auch nicht verleugnen. Fakt ist aber auch – und ich spreche von einem überaus interessanten Ergebnis der Sinus-Kirchenstudien –, dass Menschen aus allen Milieus zur Kirche gehören.[48] In allen Milieus finden Menschen zu einer neuen Nähe zu Christus, Kirche, Glauben. Lassen wir es doch einfach zu und fördern wir es, dass Menschen in ihren Milieus „Kirche" bauen; dem Glauben eine ihrem Milieu entsprechende soziale Gestalt geben! Wie das aussehen kann, das wissen die natürlich viel besser als wir, die wir nicht in diesen Milieus leben. Der Pfarrer muss nicht alles machen. Und er darf es auch nicht. Die Kirche kann auch hier auf ungenutzte Ressourcen zurückgreifen.[49]

11) Wird der Pfarrer / die Pfarrerin dann nicht in seiner/ihrer Bedeutung relativiert und herabgesetzt?

Die Sorge, nicht mehr alles im Griff und unter Kontrolle zu haben, die ja dann am effektivsten ist, wenn ich etwas selber mache, dürfte ein großes Hindernis für Veränderungen sein. Tatsächlich ist es aber so, dass der Pfarrer keine geringere, sondern eine andere, veränderte Rolle hat und dass ihm neue Bedeutung zuwächst. Wenn er nicht nur traditionelle Gottesdienste für das Milieusegment A23 veranstaltet, sondern seine Mitarbeiter begleitet, fördert, fortbildet und berät, die in ihren Milieus Andockmöglichkeiten für Menschen in den unterschiedlichen Lebenswel-

---

47 Milieuverengung und Mission. Warum die Kirche viele Menschen nicht erreicht, in: Unerreichte erreichen. Bausteine für eine Gemeinde von morgen., hg. vom Amt für missionarische Dienste der Evangelischen Kirche von Westfalen, Dortmund 2008, 8-14 (Aus der Praxis für die Praxis; 2008).
48 Diesen Schluss lassen jedenfalls die Untersuchungen von Sinus zu (vgl. Religiöse und kirchliche Orientierungen in Deutschland. Untersuchung für die MDG und KSA vor dem Hintergrund der Sinus-Milieus, Berlin/Heidelberg o. J.).
49 Sinnvoll ist etwa das Verfahren einer süddeutschen Kirchengemeinde, die – einmal infiziert vom Virus der Lebensweltorientierung – ganz gezielt Gemeindeglieder anspricht, die zu den von ihr bisher vernachlässigten Milieus gehören, und sie befragt, wie denn Menschen in den einschlägigen Lebenswelten am besten angesprochen werden können und ob sie nicht bereit sind, sich hier zu engagieren.

ten schaffen, dann kommt ihm durch seine theologische und kommunikative Kompetenz eine absolut zentrale Bedeutung zu, eine weit größere als heute.

12) *Ist denn der heutige Pfarrerstand einer solchen Herausforderung, so faszinierend sie ist, überhaupt gewachsen?*

Ein erheblicher und ständig wachsender Teil der Pfarrerschaft ist fasziniert und zunehmend kompetent in Fragen der Lebensweltorientierung. Die Bereitschaft, sich mit den sehr detaillierten und ergiebigen Ergebnissen der Milieustudien auseinanderzusetzen und sie für die eigene pastorale Arbeit fruchtbar zu machen, wächst. Es gibt bereits jetzt viele Kolleginnen und Kollegen, die sich auf die angesprochenen Delegationsmodelle eingelassen haben, um so ihre Kompetenz zu vervielfachen. Es wäre aber durchaus sinnvoll, dass die Kirchenleitung solche Reflexionen durch bestimmte Strategien unterstützt:

‣ die Bildung von regionalen Teams, deren Glieder unterschiedliche Gaben- und Aufgabenprofile aufweisen,
‣ die gezielte Beauftragung von Personen, die eine besondere Milieu-Affinität zeigen, mit der pastoralen Betreuung entsprechender Lebenswelten.

Tatsächlich brauchen wir für die erste und vor allem zweite Ausbildungsphase ein Schwergewicht auf folgenden Anliegen:

‣ Sensibilisierung für die Unterschiedlichkeit der Lebenswelten in Gesellschaft und Kirche! D. h. die Sinus-Milieuforschung (und andere ergänzende Ansätze) muss ins Programm!
‣ Weiterentwicklung der Pastoraltheologie in Fragen des Ehrenamtes. Muss der Pfarrer alles machen? Was kann er und muss er delegieren, wenn er missionarisch arbeiten will?
‣ Arbeitsteilige Kooperation von Kirchengemeinden auf regionaler, etwa Kirchenbezirks- oder Dekanatsebene. Das EKD-Zentrum Mission in der Region (ZMiR) hilft gerne.

IV ... und die Rolle der Soziologie für Theologie und Kirche?

13) *Wird die Milieuforschung nicht sehr in ihrer Bedeutung überschätzt? Handelt es sich nicht um einen neuen Hype, eine Mode, die ebenfalls vorübergehen wird?*

Dürfen wir uns von den Sozialwissenschaftlern sagen lassen, was wir als Kirche zu tun haben?
Sozial- und Humanwissenschaften können für Theologie und Kirche immer nur eine dienende Funktion haben. Auch die Milieuforschung kann uns nicht sagen, was Kirche ist oder wer Kirche sein soll. Aber sie kann uns einen Spiegel vorhalten und uns helfen zu sehen: Sind wir so, wie wir uns haben wollen und wie wir uns sehen? Sind wir Volkskirche, missionarische Kirche, die alle erreicht? Empirische Sozialforschung kann uns dienen, indem sie uns die blinden Flecke, sprich Milieus identifizieren lässt, die wir selber eher nicht wahrnehmen oder verdrängen. Sie kann uns dienen, indem sie mit dem fremden Blick empirisch gestützte Daten präsentiert, die uns helfen, über bloßes Meinen und über wunschgestützte Mutmaßungen hinauszukommen.

Wir könnten auf die Lebensweltforschung völlig verzichten, wenn wir denn selber schon in ausreichendem Maße den Blick der Liebe hätten für die, die anders sind als wir, die aber in der Kirchengemeinde vor Ort fast völlig fehlen; wenn wir uns den Menschen in den hedonistischen, prekären und Oberschicht-Milieus zuwenden würden, anstatt mit hohem theologischen Aufwand zu erklären, warum es doch gar nicht nötig ist, dass sie in die Kirche kommen; warum wir zufrieden sein können mit den Menschen aus den traditionsorientierten Milieus und einem Teil der bürgerlichen Mitte.

Ein Teil des Widerstandes gegen die Sehhilfe, die die moderne Sozialwissenschaft mit dem Milieu-Tool zur Verfügung stellt, beruht genau darauf, dass sich gewisse Schweigevereinbarungen, mit denen wir es uns in Theologie und Kirche oft bequem gemacht haben, nicht mehr halten können: „Im Grunde erreichen wir doch alle, irgendwie, irgendwann. Wir haben viel mehr Einfluss, als wir meinen", und dergleichen mehr. All das bedeutet doch: Wir müssen nichts ändern. Es ist im Wesentlichen gut so, wie es ist.

Mein Eindruck ist: Viele im Land kennen die Sinus-Milieus noch gar nicht, viele kennen die Kartoffelgraphik, wissen aber gar nicht, welche Hilfestellungen das Milieuhandbuch von 2005 mit seinen „Dos" und „Don'ts", seinen Erhebungen zum Pfarrerbild und den so unterschiedlichen Erwartungen an Kirche zu bieten hat; welch differenziertes Wissen die empirische Untersuchung zu den verschiedenen Jugendkulturen „Sinus-Milieustudie U27" zur Verfügung stellt; und nur erst wenige, freilich eine wachsende Zahl realisiert die Chancen, die sich ergeben, wenn wir diesen Ansatz nutzen, um gemeinsam zu fragen, wie kirchliches Handeln milieuübergreifend gestaltet werden kann.

14) Gibt es denn diese Milieus wirklich?

Die skeptische Rückfrage ist völlig berechtigt. Neulich habe ich behauptet: Es gibt zehn Milieus in Deutschland. Das ist natürlich Unsinn. Das Sinus-Milieu-Modell ist wie alle anderen konkurrierenden Darstellungen der Lebenswelten in Deutschland ein mentales Konstrukt. Die Milieus an sich „gibt" es nicht. Wenn wir die soziale Wirklichkeit präzise abbilden wollten, brauchen wir dazu weit mehr als zehn Milieu-Formate. Nur diese nahezu unzählbare Fülle wäre nicht mehr überschaubar. Die Wahrheit eines Modells besteht in seiner pragmatischen Bewährung. Wir verstehen die heutige Gesellschaft besser, wenn wir begreifen, dass wir es mit sehr unterschiedlichen Lebenswelten zu tun haben, die sich weitgehend nicht mehr verstehen, oft keinerlei soziale Berührung zueinander haben.

15) Gibt es nicht unterschiedliche Milieumodelle? Welche stimmen denn?

Es gibt unterschiedliche Ansätze, um die segmentierte Lebenswelt zu beschreiben. Für die jeweiligen Modelle spielen unterschiedliche Gesichtspunkte, Parameter, eine Rolle, und sie greifen unterschiedlich präzise zu. Grundsätzlich gilt: Je präziser, umso unübersichtlicher; je übersichtlicher, umso gröber. Das Sinus-Modell geht mit seinen Milieu-Differenzierungen einen bewährten Mittelweg. Es ist nicht nur in Deutschland, sondern in vielen westlichen Ländern bewährt. Es wurde über 30 Jahre immer weiter entwickelt. Es beruht auf einem einzigartigen Schatz an qualitativen und quantitativen Erhebungen. Sinus ist führender Dienstleister in Wirtschaft, Politik und Kultur. Die katholische Kirche arbeitet seit sechs Jahren erfolgreich mit Sinus zusammen.

16) Aber ändern sich die Milieumodelle nicht ständig?

Das ist korrekt. Dass sich die Milieumodelle ständig und übrigens immer häufiger ändern, spiegelt die immer raschere Veränderung unserer Gesellschaft wider. Diese Veränderungen in 2005, 2007, 2009 und jüngst 2010 sprechen nicht gegen, sondern für die Präzision des Sinus-Milieu-Modells, das immer wieder nachjustiert wird, um gesellschaftliche Wirklichkeit wie Wandel möglichst genau abzubilden.

17) War die Gesellschaft nicht immer schon so segmentiert? Ist die ganze Fragestellung wirklich so neu?

Richtig ist: Es hat schon immer soziale Ungleichheit gegeben. Die Gesellschaft war aber früher hierarchisch und überschaubar gegliedert. Wir haben es im Wesentlichen mit drei Schichten bzw. Klassen zu tun gehabt. An die Stelle dieser übersichtlichen Gliederung in wenige gesellschaftliche Großgruppen ist eine Zersplitterung in unzählige Milieus und Submilieus getreten. Dazu kommt, dass die konservativen Leitwerte keine Allgemeinverbindlichkeit mehr haben. Nahezu alle Milieus haben einen eigenen Wertekanon.

Neu an der modernen Soziologie ist, dass sie dieser fundamentalen Veränderung in der Gliederung der Gesellschaft dadurch Rechnung trägt, dass sie neben den klassischen objektiven Parametern wie Bildung, Beruf, Einkommen und Herkommen nun auch subjektive Faktoren wie die jeweilige Ästhetisierung der Lebenswelt abbildet: Was sind die Vorlieben der Menschen in den verschiedenen Milieus? Wie gestalten sie ihre Freizeit? Was sind ihre mentalen Orientierungen? Welchen Mediengebrauch gibt es? Hier zeigen sich Risse, ja Gräben zwischen den verschiedenen Bevölkerungsgruppen.

Sinus bildet das ab. Das macht die moderne Milieuforschung zu einem relativ präzisen Instrument, mit dem man die Lebenswelten der Menschen sehr viel genauer anschauen kann, als das früher möglich war.

18) Ist das alles nicht sehr abstrakt? Woher weiß ich denn, mit welchen Menschen ich es konkret vor Ort und in meiner Region zu tun habe?

Das Sinus-Milieu-Modell gibt in der Tat nur eine sehr abstrakte Milieu-Gliederung vor. In unserer Gesellschaft kann man sinnvollerweise zehn bzw. zwölf Milieus unterscheiden. Was das für meine Region bedeutet, wird dann erkennbar, wenn das Milieu-Modell mit dem sog. Geowissen über einen konkreten sozialen Raum kombiniert wird. Wir sprechen dann von den sog. Microm-Milieus. Die Firma Microm ist auf Grund des von ihr aus verschiedensten Quellen gesammelten demographischen Wissens in der Lage, für konkrete Regionen, Stadtteile, Dörfer, Kirchenbezirke etc. anschaulich abzubilden, welche Milieus wo vertreten sind; welche Milieuschwerpunkte es in einem Stadt- oder Ortsteil oder in einem bestimmten Straßenzug gibt. Für eine Kirchengemeinde interessant wird es tatsächlich erst dort, wo sie sich diese Daten aufbereiten lässt und sie konkret zunutze macht.[50] Rechtzeitig zu Beginn unserer Konferenz haben die Evangelischen Landeskirchen in Baden und Württemberg diese Daten angekauft. Das EKD-Zentrum Mission in der Region hat einen kirchendemographischen Ansatz entwickelt, der diese Daten mit denen des kirchlichen Lebens abgleicht und dann konkrete Analysen und Ableitungen erlaubt. Liegen wir mit den Schwerpunkten unserer kirchlichen Arbeit richtig, oder produzieren wir glatt an den konkreten demographischen Gegebenheiten vorbei und planen Kindergärten, wo wir Altenheime oder Mehrfamilienhäuser bräuchten? Bieten wir zur selben Zeit für dieselbe Zielgruppe zehnmal nebeneinander im Wesentlichen dasselbe Programm, wo wir diversifizieren müssten, um andere Menschen anzusprechen? Sehen wir nur den einen sozialen Brennpunkt und übersehen dabei, dass über 50 % der Kirchenmitglieder zum etablierten Milieu gehören? Ich freue mich sehr über diese Initiative und hoffe sehr, dass viele Dekanate und Kirchengemeinden von diesem ungeheuren Schatz Gebrauch machen werden. Wichtiger als alle sozialwissenschaftlichen Tools ist jedoch eine missionarische Haltung, die getrieben wird von der Sehnsucht Gottes nach denen, die noch nicht da sind, bei denen er aber sein möchte – durch uns, durch Parochien und durch neue, „frische" Gestalten von Kirche.

---

50 Dabei sind Datenschutzgesichtspunkte von vornherein berücksichtigt. So werden die Daten soweit anonymisiert, dass keine Rückschlüsse auf konkrete Haushalte möglich sind.

Dieser Weg wird kein leichter sein – Mut zur Veränderung

Graham Cray

Es ist ein Vorrecht, heute Morgen bei Ihnen sein zu können und an dieser Konferenz teilzunehmen. Ich wurde gebeten, zum Thema „Dieser Weg wird kein leichter sein – Mut zur Veränderung" zu sprechen. Dies möchte ich gerne tun, indem ich das Thema „Risiko" in den Blick nehme.

Für das Evangelium alles riskieren

Wäre es für die Kirche hier in Deutschland nicht ein großes Risiko, den Weg der „Fresh Expressions" einzuschlagen? Hat nicht auch die Kirche von England sehr viel riskiert, als sie diesen Weg beschritten hat?
Die Antwort lautet sowohl ja als auch nein. (Ich bin schließlich ein Anglikaner.) Jede Veränderung birgt Risiken. Aber ob ein Risiko eingegangen wird oder nicht, hängt davon ab, ob das, was riskiert wird, das Richtige ist. Christen müssen diese Entscheidung im Lichte des Evangeliums treffen.
Das Zentrum unseres Glaubens ist die Selbsthingabe Christi für uns. Seine kostspielige Risikobereitschaft brachte uns Erlösung. Es gibt eine Passage im Johannesevangelium, die uns ganz besonders wichtig wurde, als wir „Mission-shaped Church" geschrieben haben (Joh 12,20-26):

> (20) Es waren aber einige Griechen unter denen, die heraufgekommen waren, um anzubeten auf dem Fest. (21) Die traten zu Philippus, der von Betsaida aus Galiläa war, und baten ihn und sprachen: Herr, wir wollten Jesus gerne sehen. (22) Philippus kommt und sagt es Andreas, und Philippus und Andreas sagen's Jesus weiter. (23) Jesus aber antwortete ihnen und sprach: Die Zeit ist gekommen, dass der Menschensohn verherrlicht werde. (24) Wahrlich, wahrlich, ich sage euch: Wenn das Weizenkorn nicht in die Erde fällt und erstirbt, bleibt es allein; wenn es aber erstirbt, bringt es viel Frucht. (25) Wer sein Leben lieb hat, der wird's

verlieren; und wer sein Leben auf dieser Welt hasst,
der wird's erhalten zum ewigen Leben. (26) Wer mir
dienen will, der folge mir nach; und wo ich bin, da soll
mein Diener auch sein. Und wer mir dienen wird, den
wird mein Vater ehren.

Wenn die Griechen – also die Heiden – Jesus nicht nur
sehen, sondern durch ihn gerettet werden sollen, dann
muss Jesus sterben. „Wenn das Weizenkorn nicht in die
Erde fällt und erstirbt, bleibt es allein." (Joh 12,24) Diese
Aussage über die einzigartige, ein für alle Mal geschehene
Sühne, wird dann zum Leitprinzip in der Nachfolge Jesu:
Jesu Nachfolger verlieren ihr Leben, verlieren ihre Auto-
nomie und folgen Jesus dorthin, wohin er geht. Und
durch seine Kirche kommt Jesus zu denen, die ihn noch
nicht kennen, wobei er uns ruft, ihm zu folgen, selbst
wenn es riskant ist.

Paulus integrierte dieses Prinzip in seine Gemeindegrün-
dungsarbeit (1. Kor 9,19-23):

(19) Denn obwohl ich frei bin von jedermann, habe ich
doch mich selbst jedermann zum Knecht gemacht,
damit ich möglichst viele gewinne. (20) Den Juden bin
ich wie ein Jude geworden, damit ich die Juden gewinne. Denen, die unter dem Gesetz sind, bin ich wie einer
unter dem Gesetz geworden – obwohl ich selbst nicht
unter dem Gesetz bin –, damit ich die, die unter dem
Gesetz sind, gewinne. (21) Denen, die ohne Gesetz
sind, bin ich wie einer ohne Gesetz geworden – obwohl
ich doch nicht ohne Gesetz bin vor Gott, sondern bin
in dem Gesetz Christi –, damit ich die, die ohne Gesetz
sind, gewinne. (22) Den Schwachen bin ich ein Schwa-
cher geworden, damit ich die Schwachen gewinne. Ich
bin allen alles geworden, damit ich auf alle Weise einige rette. (23) Alles aber tue ich um des Evangeliums
willen, um an ihm teilzuhaben.

„Alles aber tue ich um des Evangeliums willen." Das ist
die Basis einer gottesfürchtigen und kostspieligen Risikobereitschaft. Paulus identifizierte sich selbst mit den
Gruppen von Menschen, zu denen Christus ihn gesandt
hatte, und sah sich darin voll und ganz im Einklang mit
christlicher Nachfolge. Ein Missionar, der kulturelle Grenzen überwindet, bezahlt den Preis seiner eigenen Kultur,
sodass andere Christus kennenlernen können und ihm
nachfolgen. Missionsarbeit in der Mehrheit der westlichen
Länder ist zunehmend interkulturelle Mission. Weiter vor-
ne in 1. Kor 9 sagt Paulus: „Wir ertragen alles, damit wir
nicht dem Evangelium von Christus ein Hindernis berei-

ten." (Vers 12) Manchmal kann auch die Kultur der Kirche ein Hindernis für das Evangelium sein.

Der Untertitel von „Mission-shaped church" lautet „church planting and fresh expressions of church in a changing culture" (Gemeindegründungen und neue Ausdrucksformen von Kirche in einer sich verändernden Kultur). Das Evangelium in eine veränderte und sich ständig verändernde Kultur hineinzutragen ist ein Risiko, das der Kirche Jesu Christi angemessen ist!

Risikogesellschaft

Diese sich verändernde Kultur trägt ihrerseits selbst Merkmale einer Risikogesellschaft. Es gibt also für die Kirche in der Gesellschaft keinen risikofreien Raum! Die sich verändernde Kultur des Westens in der globalisierten Welt ist eine Risiko-Kultur. Risiko ist unser Kontext. 1986 veröffentlichte Ulrich Beck das einflussreiche Buch „Risikogesellschaft". Darin erklärte er: „Ähnlich wie im 19. Jahrhundert Modernisierung die ständisch verknöcherte Agrargesellschaft aufgelöst und das Strukturbild der Industriegesellschaft herausgeschält hat, löst die Modernisierung heute die Konturen der Industriegesellschaft auf, und in der Kontinuität der Moderne entsteht eine andere gesellschaftliche Gestalt."[51]

„In der fortgeschrittenen Moderne geht die gesellschaftliche Produktion von *Reichtum* systematisch einher mit der gesellschaftlichen Produktion von *Risiken*."[52] Es gibt also keine risikofreie Zukunft. Unsere Gesellschaft stellt Risiken her.

Beck sagte 1986, dass er dies schreibe, um „die sich heute schon *abzeichnende Zukunft* ins Blickfeld zu heben"[53]. Diese Zukunft hat jetzt begonnen. Wir leben in einer Welt, die hochgradig unberechenbar ist, sich selbst immer wieder in Frage stellt und außerhalb unserer Kontrolle ist. Das ist der Kontext, in dem wir das Evangelium verkünden und Kirche sein sollen. Es gibt keine risikofreie Zukunft.

---

51 Ulrich Beck: Risikogesellschaft. Auf dem Weg in eine andere Moderne, Frankfurt/M. 1986, 14.
52 A.a.O., 25.
53 A.a.O., 12.

Das Risiko, nichts zu tun

Das Risiko, nichts zu tun, ist größer als das Risiko der innovativen Mission. In einem kürzlich geführten Gespräch hat mir der anglikanische Erzbischof von Adelaide gesagt, dass seine Botschaft an seine Diözese folgende sei: „Mehr vom Gleichen bedeutet weniger vom Gleichen." Einfach so weiterzumachen wie bisher bedeutet, sich dem Verfall zu ergeben – so als ob Christus nicht von den Toten auferstanden wäre! Weiterzumachen wie bisher bedeutet, weiter zu altern und zu verfallen.

In dem Gleichnis von den Talenten aus Mt 25 wird derjenige vom Meister getadelt, der das eine Talent erhalten hatte und sagte: „Meister, ... ich fürchtete mich", und er „ging hin und verbarg sein Talent in der Erde". – „Verbarg sein Talent in der Erde": Dieser Samen „blieb wirklich allein!"

Es mag sein, dass wir uns schlecht ausgestattet fühlen für diese Aufgabe, aber wir sind dazu berufen, das, was wir haben, zu riskieren – für die Verbreitung des Evangeliums – in tiefem Vertrauen auf die Gegenwart des auferstandenen Christus.

Ein Bibelwort, das mich ständig bei meiner Arbeit herausfordert, ist Röm 1,14ff. Paulus sagt hier: „Ich bin ein Schuldner der Griechen und der Nichtgriechen, der Weisen und der Nichtweisen ... Denn das Evangelium ist eine Kraft Gottes, die selig macht alle, die daran glauben." Diejenigen, die die Gnade Gottes in Jesus Christus erfahren haben, stehen in Gottes Schuld. Sie sind denjenigen verpflichtet, die diese Gnade noch nicht erfahren haben, ohne Rücksicht auf die Kultur. Die eine Frage, die ich allen Kirchen stelle, ob sie wachsen oder abnehmen, ist diese: „Wer wird nicht erreicht werden, wenn wir nur das tun, was wir gerade tun?"

Das Geschenk eines neuen Kontextes

Die oben beschriebene Realität unserer „Risikogesellschaft" ist nur ein Teil des Bildes. Gesellschaftliche und kulturelle Veränderung sind nicht nur eine Herausforderung, sondern auch ein Geschenk. Wenn wir an einem neuen Ort stehen, dann sehen wir Dinge, die wir zuvor nicht gesehen haben. Wenn ein Zeitalter zu Ende geht, dann können wir dessen Erkenntnisse aus einem neuen Blickwinkel betrachten. So geben uns die Veränderungen in der westlichen Kultur und der Niedergang des christlichen Abendlandes eine ganz neue Perspektive auf das Evangelium, und neue Entdeckungen oder Wiederentdeckungen über die Kirche und ihre Mission. Wir können unsere eigene Art, Kirche zu leben, mit größerer Distanz beurteilen. Wir sehen sie so, wie sie ist – und nicht als die einzige und ewig unveränderliche Form, lutherisch oder anglikanisch zu sein. Vielmehr erkennen wir sie als Form dessen, wie lutherische oder anglikanische Kirche zu einer bestimmten Zeit an einem bestimmten Ort aussehen musste. Wenn sich die Zeiten und Orte ändern, dann wird es uns möglich zu überdenken, welche Veränderungen angemessen und notwendig sind für unsere Beschäftigung mit dem neuen Kontext – und welchen Veränderungen widerstanden werden sollte.

Ein neuer gesellschaftlicher Kontext erlaubt es uns, insbesondere Aspekte unserer Tradition *wieder* zu entdecken, die uns bisher unverständlich geblieben waren.

Drei von diesen Aspekten hat die Initiative „Fresh Expressions" besonders angeregt:

‣ Erstens: Mission bedeutet *missio dei*, also die Mission Gottes. Die weltweite und ökumenische Wiederentdeckung der Bedeutung trinitarischer Theologie, die seit Barth stattfindet, wirft ein neues Licht auf die Theologie der Mission. Mission ist zuallererst das Wesen und Handeln des dreieinigen Gottes, bevor es ein Handeln der Kirche ist. Die Kirche ist sowohl die Frucht als auch der Handlungsträger oder das Instrument der göttlichen Mission. Durch unsere Taufe in Christus hinein sind wir an dieser göttlichen Mission beteiligt. Folglich ist Mission der Wesenskern der Kirche und nicht nur die fromme Aktivität einiger Christen. Mission ist die fundamentale Berufung aller Christen an allen Orten, nicht nur das Interesse von ein paar wenigen und auch nicht eine weit entfernte Tätigkeit in fernen Ländern. Der Heilige Geist ist der Chefmissionar, und so bedeutet Mission „zu sehen, was Gott gerade tut, und dann miteinzusteigen" (Rowan Williams).

‣ Zweitens: Die missionarische Praxis muss inkarnatorischer Natur sein. Uns war die römisch-katholische Missiologie im Anschluss an das Zweite Vatikanische Konzil mit ihrer Betonung der „Inkulturation" eine große Hilfe, die ein Missionsverständnis in Analogie zur Inkarnation aufbaut. Die geschichtliche Menschwerdung Gottes ist eine endgültige göttliche Handlung, aber sie vollzog sich dadurch, dass der Sohn Gottes eine ganz bestimmte, kulturell konkrete menschliche Gestalt annahm. Diese Inkarnation wird dann zu einem Modell für die Jüngerschaft und für die kulturübergreifende Mission. Ein inkarnatorischer Ansatz nimmt den Weg des Kreuzes als Modell eines inkarnierten Lebens tatsächlich ernst. Er betont nicht nur, dass Christus eine menschliche Gestalt innerhalb einer bestimmten Kultur angenommen hat. Inkulturation ist immer dann für die missionarische Praxis zentral, wenn sich eine Kultur verändert, und nicht nur dann, wenn das Evangelium einer Kultur zum ersten Mal begegnet. Wir suchen nach einer angemessenen Inkulturation des Evangeliums für die Kirche in Europa. Eine kulturell angemessene gesellschaftliche Verkörperung des Evangeliums wird sowohl „kulturell sensibel" als auch „kulturell kritisch" sein.[54] Letztendlich ist es die Christologie, die die Missiologie bestimmt, die wiederum die Ekklesiologie prägt.

› Drittens: Mission ist pneumatologisch, also von der Handlung des Heiligen Geistes bestimmt. Der Heilige Geist befähigt und lenkt nicht nur die Mission der Kirche, sondern der Heilige Geist ist die erste Frucht der neuen Schöpfung und bringt den Vorgeschmack der Zukunft Gottes in die Gegenwart. Durch das Werk des Geistes wird die Kirche zu einer Kostprobe und zu einem Zeichen und Instrument für das Reich Gottes. Der Geist befähigt die Kirche, als eine Antizipation von Gottes Zukunft in der Gegenwart und in jeder Form von Kultur zu leben – und nicht nur als eine Bewahrerin vergangener Traditionen. Oder, um mit Moltmann zu sprechen: „Das Evangelium ist nicht eine Aussage über eine ferne Zukunft, sondern der Anbruch dieser Zukunft im Wort."[55]
Des Weiteren ist die Gegenwart des Geistes die Gewähr dafür, dass eine örtliche Gemeinde eine missionarische Kreativität für ihr Umfeld entwickeln kann. Denn es ist die Rolle des Heiligen Geistes, die Kirche für die Mission Gottes zu begeistern und zu bevollmächtigen. Und somit rückt die Gabe der Wahrnehmungsfähigkeit für Menschen und ihre kulturellen Kontexte in das Zentrum der Mission der Kirche.

---

54 Vgl. Miroslav Volf: After Our Likeness. The Church as the Image of the Trinity, Grand Rapids 1998, 5.
55 Jürgen Moltmann: Kirche in der Kraft des Geistes. Ein Beitrag zur messianischen Ekklesiologie, München 1975, 95.

Gemeinsam riskieren

Es gibt also substantielle theologische Grundlagen dafür, dass die Kirche das Risiko der Mission auf sich nimmt und „Fresh Expressions of Church" gründet. Aber dieses Risiko muss von der ganzen Kirche gemeinsam getragen werden, nicht nur von einzelnen Pionieren oder lokalen Gemeinden, die ohne Unterstützung und ohne Rechenschaftspflicht bleiben. Wenn ich genauer darüber nachdenke, was der Heilige Geist im Vereinigten Königreich ins Leben gerufen hat, dann erkenne ich eine „Ökologie", die beschreibt, wie diese Bewegung gedeihen konnte. Sie besteht aus drei Hauptkomponenten:

‣ Auf der *örtlichen Ebene* gibt es ein neues kreatives Verständnis von Mission und eine neue Vorstellung davon, welche Formen die Kirche für eine innovative Mission annehmen kann. Traditionell geprägte Christen entwickeln völlig neue Vorstellungen davon, wie Kirche sein könnte. In ihrem Grund ist dies eine „Basisbewegung" des Heiligen Geistes. Wenn dem nicht so wäre, hätte eine landesweite Initiative nicht in dem Ausmaß Erfolg haben können, wie wir es erlebt haben.

‣ Auf der *oberen Leitungsebene* ist eine neue Ära angebrochen, was die Erlaubnis für missionarische Initiativen und Experimente angeht. Anstelle von „Der Bischof würde das nie erlauben!" erleben Kirchengemeinden, dass der Bischof sehr enttäuscht wäre, wenn sie es nicht versuchen würden. Alle unsere Bischofskollegen wissen, dass eine innovative Mission essenziell wichtig ist. Die meisten von ihnen haben erkannt, dass „mehr vom Gleichen" tatsächlich „weniger vom Gleichen" bedeutet.

Das bedeutet, dass diese Bewegung eine Doppelbewegung ist: sowohl eine Bewegung von unten nach oben (bottom up) und zugleich eine Bewegung von oben nach unten (top down).

‣ Schließlich stellt das *landesweite Team*, das ich leite, gemeinsam mit einer Vielzahl an Partnern Ressourcen zur Verfügung, die den Kirchengemeinden helfen sollen, ein kreatives Verständnis von Mission zu entwickeln. Und wir bieten Schulungen an, die ihnen helfen sollen, ihre Ideen bestmöglich in die Praxis umzusetzen.

Diese Kombination aus Kreativität, kirchlicher Erlaubnis und Ressourcen hat es den „Fresh Expressions of Church" ermöglicht, sich in weiten Teilen der an diesem Prozess beteiligten Denominationen auszubreiten.

Unser Ziel ist es, die Grundeinstellung der Kirchen von einem hauptsächlich pfarrerzentrierten Modell zu einem hauptsächlich missionalen Modell zu verändern. Wir verwenden dafür den Begriff „changing the landscape" (die Landschaft verändern) und bereiten uns auf die Zeit vor, in der das, was der Erzbischof von Canterbury die „Mixed Economy Church" (Kirche der Mischwirtschaft) nennt, der Normalzustand einer durchschnittlichen Kirchengemeinde oder eines Dekanats sein wird.

Die Analogie der „Mixed Economy" bringt zum Ausdruck, dass es *zwei* Elemente innerhalb des *einen* Unternehmens, nämlich der Mission der Kirche, gibt: unsere über lange Zeit gewachsene, traditionelle Vorgehensweise auf der einen Seite und die neuere Entwicklung der „Fresh Expressions of Church" auf der anderen Seite. Von einer „Mixed Economy Church" zu sprechen soll nicht heißen, dass die beiden Elemente nur *nebeneinander* existieren können, sondern dass beide als Partner *zusammen* arbeiten, sodass der eine von dem anderen bereichert wird. „Fresh Expressions" sollen nicht die traditionellen Ansätze ersetzen, sondern sie ergänzen. Beide sind dazu bestimmt, eine fruchtbare Arbeit zu tun. Der eine soll für den anderen beten und von ihm lernen.

Immer wieder neu verkündigen

Diese Verpflichtung, unsere Tradition zu ehren und sie respektvoll zu entfalten, steht hinter der Wahl des *Begriffs „Fresh Expressions of Church"*. „Fresh" hat hier eine doppelte Bedeutung: Zunächst ist es einfach ein allgemeiner Begriff für etwas, was neu und frisch für die Kirche von England ist. Aber der Begriff ist zudem absichtsvoll der „Declaration of Assent"[56] entnommen, die jeder Pfarrer und jede Pfarrerin der Kirche von England bei der Ordination leistet und jedes Mal wiederholt, wenn er oder sie in eine neue Pfarrstelle eingesetzt wird.[57]

---

[56] Zur Erklärung: Die anglikanische „Declaration of Assent" entspricht in etwa dem Ordinationsversprechen in den evangelischen Kirchen.
[57] Church House Publishing (Hg.): Mission-Shaped Church. Church Planting and Fresh Expressions of Church in a Changing Context, London 2004, 34.

Der Bischof erklärt, dass „die Kirche von England Teil der einen, heiligen, katholischen und apostolischen Kirche ist, die den einen wahren Gott, Vater, Sohn und Heiligen Geist anbetet. Sie bekennt den Glauben, der einmalig in den Heiligen Schriften offenbart und in den allgemeinen Glaubensbekenntnissen dargelegt ist, jenen Glauben, den zu verkündigen die Kirche in jeder Generation neu (,afresh') berufen ist." In der Antwort bekräftigt jeder Pfarrer und jede Pfarrerin die „Treue zu diesem Erbe des Glaubens" und „von Gott inspiriert und unter seiner Führung die Gnade und Wahrheit Christi zu dieser Generation zu bringen".

Anders gesagt: „Die Gnade und Wahrheit Christi zu dieser Generation bringen" erfordert ein „neues Verkündigen" („proclaiming afresh") des historischen Evangeliums. Der Bericht „Mission-shaped Church" hat gezeigt, dass dieses „neue Verkündigen" auch die „Entstehung neuer Ausdrucksformen" („embodying afresh") in neuen Gemeinden und Gemeinschaften erfordern kann. Im Vorwort dieses Berichts habe ich geschrieben, dass „eines der zentralen Merkmale dieses Berichts die Erkenntnis ist, dass die sich ändernde Landschaft unseres Missionskontextes eine neue Inkulturation des Evangeliums innerhalb unserer Gesellschaft nötig macht."[58]

Der Begriff „Expressions of Church" (Ausdrucksformen von Kirche) zielt darauf ab, zwei Wahrheiten zusammenzuhalten: erstens, dass Christus gänzlich in jeder Gemeinschaft seiner Nachfolger gegenwärtig ist, und zweitens, dass dennoch jede Gemeinschaft ohne die anderen unvollständig bleibt. „Nur in Christus wohnt Vollkommenheit und Fülle. Niemand von uns kann die Vollkommenheit Christi selbst erreichen. Wir müssen füreinander in Sichtweite bleiben, um uns selbst zu korrigieren, den Horizont zu weiten und uns selbst zu reflektieren; nur miteinander sind wir in Christus vollständig."[59] Oder wie es der Erzbischof während der Beratungen, die zu der Gründung des „Fresh Expressions Teams" geführt haben, einmal treffend formuliert hat: „Wenn Christus die Verkörperung Gottes ist und die Kirche sein Leib auf Erden, dann kann keine einzelne Ausdrucksform von Kirche jemals Christus gänzlich darstellen." Aber dass die Kirche dem Wesen Christi in jeder Kultur und in jedem Kontext

---

58 Church House Publishing (Hg.): Mission-Shaped Church, XI.
59 Andrew Walls: The Cross-Cultural Process in Christian History, Edinburgh 2002, 79.

wirksam Gestalt verleihen kann, darin besteht der Kern der Rede von einer universalen Kirche (Katholizität). „Katholizität bezieht sich auf den universalen Geltungsbereich der Kirche als einer Gesellschaft, die von Gott eingesetzt ist und in der alle Formen und Bedingungen des Menschseins, alle Ethnien, Nationen und Kulturen willkommen sind und ein Zuhause finden können. Katholizität weist darauf hin, dass die Kirche die Fähigkeit hat, verschiedenartige Stile des Glaubens und des gottesdienstlichen Lebens zu umfassen und dass diese Verschiedenartigkeit durch die ‚Inkarnation' der christlichen Wahrheit in vielen verschiedenen kulturellen Gestalten zum Ausdruck kommt; und die christliche Wahrheit wiederum kritisiert bzw. bestätigt diese kulturellen Gestalten. Die Katholizität der Kirche ist tatsächlich ein Auftrag zu kultureller Gastfreundschaft."[60]

Gemeinsam Lernen

Wir machen die ersten Schritten eines langen Lernweges: Wir entwickeln neue Fähigkeiten im Wahrnehmungsvermögen und in der milieusensiblen Mission. Wir wenden die Einsichten der kultursensiblen Auslands-Missionen jetzt in der Heimat-Mission an. Es ist sehr wichtig für uns, dass wir Möglichkeiten, Erfolgsgeschichten und auch Misserfolgsgeschichten landesweit mit anderen teilen. Es ist ebenfalls bedeutsam, Leiterinnen und Leiter, die Pionierarbeit leisten, sowohl Laien als auch Ordinierte, miteinander zu vernetzen, sodass sie sich über das, was sie gelernt haben, austauschen können und wir diese neuen Erfahrungen mit der ganzen Kirche teilen können. Das Forschungszentrum der Church Army von Sheffield, dessen Leiter George Lings ist, ebenso die langjährige Erfahrung der anglikanischen Gemeindegründungsinitiativen, die von Bob und Mary Hopkins geleitet werden, und auch die „Fresh Expressions"-Websites tragen maßgeblich zu diesem gemeinsamen Lernen bei.

---

60 Paul Avis: The Anglican Understanding of the Church, London 2000, 65.

Die zwei Dimensionen des Risikos

Die Veränderung der Grundeinstellung von einer „Komm-Struktur" hin zu einer missionalen „Geh-Struktur" und die Gründung von „Fresh Expressions" kann nicht einfach dadurch erreicht werden, dass wir Kirchengemeindeformen nehmen, wie wir sie kennen, und sie einfach irgendwo anders hinsetzen. Ebenso wenig ist es angemessen, dass wir etwas, das anderswo funktioniert hat, einfach kopieren. Es gibt kein fertiges Rezept für die Neuevangelisation von Ländern des ehemals christlichen Abendlandes. Die Geschichten, die wir auf DVDs und Websites weitererzählen, sollen die Vorstellungskraft inspirieren; sie sind nicht als eine genaue Schablone gedacht, die einfach an die eigene Situation vor Ort angelegt werden könnte. Der Schlüssel für das Gründen einer „Fresh Expression" ist die Wahrnehmung und Einsicht in den Milieuzusammenhang. Das sagt auch unsere Definition von „Fresh Expressions of Church": „Sie werden ins Leben gerufen durch die Prinzipien Hören, Dienen, inkarnatorische Mission und Nachfolge."[61]
Zwei Formeln fassen zusammen, worum es uns vor allem geht:
- „Sehen, was Gott gerade dabei ist zu tun, und dann miteinsteigen" – was ja, wie ich bereits erwähnt habe, das Risiko mit sich bringt, in unsichere Gegenden vorzustoßen.
- „Sterben, um zu leben"[62] – was das Risiko beinhaltet, dass etwas verloren gehen könnte, das geschätzt und als wertvoll erachtet wird.

„Sehen, was Gott gerade tut, und dann miteinsteigen" ist eine der Lieblingswendungen des Erzbischofs von Canterbury und basiert auf Gedanken, die Bischof John Taylor in einem Buch mit dem Titel „The Go-Between God" niedergeschrieben hat. Das Buch basiert auf der Annahme, dass der Heilige Geist selbst Leiter und Lenker der Mission der Kirche ist und dass er schon längst vor uns am Werk ist, wenn wir zu einer neuen Gruppe von Menschen oder in ein neues Milieu hinein gehen. Deshalb sind Zuhören und Wahrnehmungsvermögen die elementar wichtigen Fähigkeiten praktizierender Christen.

---

61 Vgl. auch den Abschnitt „Anglikanische Gemeindeentwicklung kurz gefasst " in Michael Herbsts Beitrag (S. 78-82).
62 Church House Publishing (Hg.): Mission-Shaped Church, 20.

Das Hören – auf Gott, auf die örtliche Kirchengemeinde, auf das Milieu oder das Netzwerk, in dem die „Fresh Expression" vielleicht gegründet werden könnte – ist nicht nur die Haltung zu Beginn der Arbeit, sondern die bleibende Grundlage für alles, was sich entwickelt. Der Dienst – d.h. zuerst selbst gute Nachricht zu sein, bevor man die gute Nachricht weitersagt – schafft die Anknüpfungspunkte für persönliche Kontakte. Das Wesensmerkmal der Kirche ist Gemeinschaft. Gemeinschaft zu bilden und Beziehungen zu pflegen – sich demnach nicht auf unverbundene Einzelne auszurichten – ist also unerlässlich, wenn die „Fresh Expression" eine wirkliche Gemeinde und nicht nur eine wöchentliche Veranstaltung sein soll. Von Anfang an geht es dort, wo sich diese Beziehungen bilden, um den Ruf in die langfristige Nachfolge und Jüngerschaft, nicht nur um „Entscheidung für Christus". Eine öffentliche gottesdienstliche Versammlung kann dann gelingen, wenn sowohl das Evangelium und seine Traditionen als auch die Menschen in ihrer Lebenswirklichkeit verstanden und ernst genommen werden. Ein häufig begangener Fehler ist der, dass mit einem Gottesdienst begonnen wird, bevor die Beziehungen gebaut worden sind, die die Gestaltung des Gottesdienstes ja erst hervorbringen würden. Es geht aber um einen inkarnatorischen Zugang, nicht einen attraktionalen.

Die Wendung *„Sterben, um zu leben"* gründet sich auf folgende Voraussetzung: Kulturübergreifend arbeitende Missionare stülpen ihre kulturellen Vorlieben denen nicht über, die sie zu erreichen versuchen. Eine „Fresh Expression" ist nicht für die Missionare da. Es geht nicht darum, Gemeinden zu schaffen, die zu uns passen, und dann andere dazu einzuladen. Es geht nicht darum, unsere Unzufriedenheit mit der Kirche zu befriedigen. Es geht darum, mit dem Heiligen Geist zusammenzuarbeiten und eine authentische Kirche „für die anderen" zu schaffen, wenn nötig auch auf Kosten unserer Behaglichkeit und Vorlieben. Wir glauben, dass die Betonung des „Sterbens, um zu leben", die aus Joh 12,24-26 stammt, ein unverzichtbarer Grundsatz für die Theorie und Praxis von Gemeindegründung ist. Anderenfalls würde Gemeindegründung in Wirklichkeit Gemeinde-Klonen bedeuten.

„Sterben, um zu leben" wirft zudem die Frage auf, ob eine „Fresh Expression" in Wirklichkeit nicht so etwas wie „Kirche light" ist, also ein pragmatischer Traditionsbruch, um eine konsumentenfreundliche Umgebung zu schaffen, mit dem Ziel, Menschen in irgendeine Art von Kirche hinein zu bekommen. Aber Christus ruft alles menschliche Sein dazu auf zu sterben, um zu leben: „Wer sein Leben lieb hat, der wird's verlieren; und wer sein Leben auf dieser Welt hasst, der wird's erhalten zum ewigen Leben. Wer mir dienen will, der folge mir nach." (Joh 12,25f) „Fresh Expressions" müssen kulturell angemessene Wege finden, um diesen kostspieligen Ruf Christi zum Ausdruck zu bringen und Gestalt werden zu lassen. Die Absicht von „Fresh Expressions" muss es sein, in die Nachfolge zu rufen. Sie sind keine „Kirche light", sondern das, was C. S. Lewis „Deep Church" (tiefgründige Gemeinde) nennt (dem entspricht bei Lewis ein „Mere Christianity": ein „reines Christentum"[63]). „Fresh Expressions" sind tiefgründige Gemeinden, dort verwurzelt, wo sie Menschen erreichen können, die Christus noch nicht nachfolgen. Aber sie haben einen Preis: die Behaglichkeit und Bequemlichkeit derer, die sie gegründet haben.

Einige Schlussfolgerungen

All dies hat einige weit reichende Implikationen für die Kirche.

Zum Beispiel sich wandelnde Rollenverständnisse von Priestern und Pastoren. Es verändern sich dabei sowohl die eigenen Erwartungen der Priester und Pastoren als auch die Erwartungen der Gemeinden, wenn Mission einen zentraleren Platz im Gemeindeleben einnimmt.

Es hat auch eine Reform der Inhalte und Methoden in der theologischen Ausbildung zur Folge, indem Mission ins Zentrum des Curriculums rückt und zugleich zum Querschnittsthema wird. Die Hauptdisziplinen der Theologie müssen wie durch eine missionarische Linse unterrichtet werden, und dabei müssen akademische Reflexion und studienbegleitende Praxis integriert werden.

Es erfordert außerdem eine neue Bereitschaft der Kirche, mit einer Vielfalt an Formen zu leben und angemessene Wege zu finden, um Einheit auszudrücken.

Daraus ergeben sich wiederum neue ökumenische Möglichkeiten. Alle traditionellen Konfessionen sehen sich mit denselben Herausforderungen konfrontiert. Wir können zusammen handeln, weil wir eine gemeinsame missionari-

---

[63] Auf Deutsch trägt das Buch „Mere Christianity" von C. S. Lewis den Titel „Pardon, ich bin Christ. Meine Argumente für den Glauben".

sche Berufung haben. Wir schließen uns zusammen, um einer Schwäche zu begegnen, die wir alle haben, und wir können dabei miteinander lernen. Eine größere Einheit wird durch gemeinsame Mission zu Stande kommen, Mission wird nicht durch härtere Arbeit an den Streitfragen, die uns trennen, gefördert.

Schließlich bieten „Fresh Expressions of Church" in unserer schnelllebigen Konsumgesellschaft keine Instantlösung. Über Jahrzehnte hinweg haben sich unsere Kirchen und unsere Kultur auseinander entwickelt. Es wird seine Zeit brauchen, beide wieder zusammenzuführen. Langfristige, geduldige inkarnatorische Mission ist der einzig realistische Weg, dies zu erreichen, und „Fresh Expressions of Church" stellen ein unverzichtbares Hilfsmittel für diese Aufgabe dar.

Ja, es ist riskant, aber es ist ein Risiko, das einzugehen sich zutiefst lohnt, weil dieses Risiko die Antwort auf den Ruf Christi ist. Christen nennen dieses Risiko „Glaube", also ein Gottvertrauen in die Zukunft unserer Kirche.

Der Missionar und Märtyrer Jim Elliot schrieb in sein Tagebuch: „Der ist kein Narr, der aufgibt, was er nicht behalten kann, um zu gewinnen, was er nicht verlieren kann."

„Der ist kein Narr, der aufgibt, was er nicht behalten kann," – mehr vom Gleichen bedeutet weniger vom Gleichen –

„um zu gewinnen, was er nicht verlieren kann" – nicht unsere Errettung, denn wir sind von Christus gehalten, sondern die Errettung von Männern und Frauen in Deutschland und die Umgestaltung unserer Risikokultur.

Danke für Ihre Aufmerksamkeit.

Wege in die Zukunft

Gemeinde 2.0 – Frische Formen für die Kirche von heute

Michael Herbst

Einleitung

Wir sind, liebe Schwestern und Brüder, unseren englischen Freunden so überaus dankbar. Wirklich, unsere Dankbarkeit kann gar nicht überschwänglich genug ausfallen. Was sie uns gaben, ist etwas so Besonderes, dass es uns wirklich zu ewiger Freundschaft verpflichtet. Worum es geht? Na, das ist doch klar: Von den Engländern übernahm der Braunschweiger Lehrer und Theologe (!) Wilhelm Carl Johann Konrad Koch 1874 das Fußballspiel.[64] Es war ein Heilmittel gegen Stubenhockertum und Kneipentouren für Bewegung und Teamgeist der Schüler, so seine Idee. *Merke erstens: Von den Engländern lernen heißt sich bewegen lernen.* Freilich war es wie heute: Die Ideen aus England hatten es schwer in deutschen Landen: Fußball wurde verspottet als „Fußlümmelei", „Stauchball" oder besonders schön als „englische Krankheit". *Merke zweitens: Neue Ideen haben es schwer in unserem Land.* Wir müssen den englischen Freunden also dankbar sein. Sie haben gelegentlich ein paar merkwürdige Gewohnheiten,[65] diese seetüchtigen Teesüchtigen, z.B ihre Promenadenkonzerte und Pfefferminzsaucen, ihr seltsames Bier und ihre absolut unverständliche Liebe zum Cricket und zur Fuchsjagd, ihre Hassliebe zur Familie Windsor oder ihre einzigartige Fähigkeit, Schlange zu stehen, auch wenn sie solo sind. Aber den Fußball verdanken wir ihnen. Und nach Wembley 1966 kam ja noch der 23. Juni 2010, und seither ist alles gut zwischen ihnen und uns, vor allem wegen des besten Satzes, den je ein Engländer zum Thema sagte: „Football is a simple game; 22 men

---

64 Vgl. http://de.wikipedia.org/wiki/Konrad_Koch (aufgesucht am 5.3.2011). Die Geschichte wurde von Sebastian Grobler verfilmt und kam Anfang 2011 ins Kino: „Der ganz große Traum" (mit Daniel Brühl in der Hauptrolle).
65 Ephraim Kishon: „Das größte Geheimnis der Engländer ist, warum sie nicht auswandern."

chase a ball for 90 minutes and at the end, the Germans always win." – „Fußball ist ein einfaches Spiel: 22 Männer jagen 90 Minuten lang einem Ball nach, und am Ende gewinnen immer die Deutschen."[66] *Merke drittens: Wenn wir lernen, lernen wir gründlich.* Wahr ist aber, dass wir unseren englischen Freunden noch etwas ganz anderes verdanken, und das brachte uns ja auf die Idee zu dieser Tagung: Sie haben sich selbst als alte Volkskirche noch einmal neu erfunden. Zum Abschluss dieser Tagung möchte ich daher versuchen zu skizzieren, wie wir in Deutschland tatsächlich lernen können: Daher werde ich erstens ein paar Stichworte in Erinnerung rufen, die den Aufbruch in der englischen Kirche kennzeichnen, und werde mich dann in meinem Hauptkapitel auf die innere Logik der Entwicklung missionarischer Kirchen konzentrieren. *Diese innere Logik heißt: zuerst Jesus Christus, dann Mission Gottes, dann die Kirche. Oder theologisch ausgedrückt: Christologie vor Missiologie vor Ekklesiologie.* In einem Schlussteil geht es dann um das Gebet der Missionare.
Packen wir es an:

Erstes Kapitel: Anglikanische Gemeindeentwicklung kurz gefasst

England ist alles andere als ein Paradies für Freunde der Kirche. Es ist ein hoch säkularisiertes Land.[67] Der Anteil von Menschen anderen Glaubens ist deutlich höher als in Deutschland. Und die Kirche hat erhebliche Krisen und Einbrüche in den letzten Jahrzehnten durchlitten. Der Anteil der britischen Kinder, die überhaupt noch von kirchlichem Leben erreicht werden, liegt bei 5 %.[68] Die Finanzen sind erheblich knapper, denn eine Kirchensteuer kennt die Staatskirche nicht. Und sie weiß auch nicht so genau, wie viele Mitglieder sie in ihren 43 Diözesen hat, und man kann englische Kirchenführer in echte Verwirrung stürzen, wenn man sie danach fragt. Umgekehrt

66 Vgl. http://de.wikipedia.org/wiki/Gary_Lineker (aufgesucht am 5. März 2011).
67 Vgl. auch Michael Herbst: Dem "Englischen Patienten" geht es besser. Was können wir von der Anglikanischen Kirche lernen?, in: Wolfgang Nethöfel und Klaus-Dieter Grunwald (Hg.): Kirchenreform strategisch, Glashütten 2007, 463-488.
68 Vgl. John Finney: To Germany with Love. Ein anglikanischer Blick auf die deutsche und die englische Kirche (BEG-Praxis), Neukirchen-Vluyn 2011, 22.

weiß man aber, dass etwa 40 % der Bevölkerung „un-churched" ist, d.h. in ihrer Biographie kam christlicher Glaube noch überhaupt nicht zum Zuge. In England gibt es einen jungen Atheismus, von dessen evangelistischer Leidenschaft wir noch lernen können. England ist eine nach-christentümliche Gesellschaft, in der nur wenige noch einigermaßen regelmäßig zur Kirche gehen und die großen Geschichten des Glaubens kaum jemandem vertraut sind. Der Lebensrhythmus eines durchschnittlichen Engländers wird nicht mehr vom christlichen Glauben beeinflusst. John Finney bringt es auf den Punkt: „*Die christentümliche Gesellschaft ist gestorben.*"[69]

Warum aber gibt es dann so viele gute Nachrichten aus England: von Gemeinden, die aufbrechen, von einigen tausend sogenannter „Fresh Expressions of Church"?[70] Ich glaube, dass etwas ganz Wesentliches die geistliche Erneuerung ist, die viele Einzelne, nicht zuletzt unter den Pastoren in der Church of England, erreicht, neu inspiriert und auf den Weg gebracht hat. Gemeinde 2.0 ist zuerst eine Frage des Geistes, dann der Strategien und Strukturen. Gemeinde 2.0 blüht auf, wenn der Glaube an Jesus neu aufblüht. Dass so viele Bischöfe, Pastoren und Gemeindeglieder von verschiedenen Erneuerungsbewegungen berührt wurden, ist nach meinem Eindruck die Kraftquelle des englischen Aufbruchs.

John Finney hat dafür ein schönes Bild gefunden: Er hat einmal ein altes Haus kaufen wollen. Es sah ganz gut aus, und es gefiel ihm. Das änderte sich, als er hinten im Haus in den Raum kam, in dem der Boiler stand: ein riesiges, altes, rostiges Ding, und die Hausbesitzerin musste kleinlaut zugeben: „Er tut es nicht mehr richtig!" Das ganze Haus war darum kalt und unwirtlich. *Unsere Kirche hat auch einen „Boiler": Es ist unser persönliches und gemeinsames Leben mit Jesus.* Wenn dieser „Boiler" nicht funktioniert, ist das Haus der Kirche kein Gasthaus, das andere anzieht. Sie wenden sich ab: Es ist zu kalt.[71] Aber da scheint etwas passiert zu sein bei vielen englischen Christen. Und jetzt blühen sie auf: Gemeinden unterschiedlichster Art. Es gibt eher vertraute Beispiele von

---

69 A.a.O., 24.
70 Vgl. vor allem Michael Herbst: Mission bringt Gemeinde in Form. Gemeindepflanzungen und neue Ausdrucksformen gemeindlichen Lebens in einem sich wandelnden Kontext (BEG-Praxis), Neukirchen-Vluyn 3. Aufl. 2008.
71 Vgl. John Finney: To Germany with Love, 137.

Gemeinden, die sich aus Sucher-sensiblen Gottesdiensten
entwickeln. Mehr und mehr aber finden sich „Fresh Expressions", die nicht mehr sagen: „Komm her!" Es sind
Gemeinden, die sagen: *„Wir kommen zu Euch, bleiben bei
Euch, dienen Euch, und wenn Ihr mögt, helfen wir Euch, eine Gemeinde zu bilden, die zu Euch passt."* So gibt es eine
Surfergemeinde an der Küste Cornwalls, eine Eucharistiefeier für die Gothic Szene in Cambridge, eine Jugendge-
meinde in einem Skaterpark, eine christliche Zellgruppe in
der Polizeistation von Merseyside in Liverpool (Zellgruppe
in einer Polizeistation klingt irgendwie sehr – inkarnato-
risch!). Es gibt Gemeinden in Cafés, Schulen und Fitness-
clubs. Es gibt sie auf dem Land und in der Stadt, für Junge und Alte, in Nachbarschaften und Netzwerken.
Es gibt Dutzende von sogenannten *„Messy Churches"*,
vielleicht am besten als Chaos-Gemeinden zu übersetzen.
Das sind Gemeinden, die merken, dass sie mit Familien
nicht wirklich in Kontakt kamen, und jetzt einmal im Mo-
nat, da, wo es gerade passt, an einem Tag, der gerade
passt, einen Gottesdienst feiern für Jung und Alt. Die
Werte einer „Messy Church" sind Gastfreundschaft, Kreativität, Anbetung und vor allem: Jesus soll in der Mitte
stehen. Oft gibt es nach einem herzlichen Willkommen eine kreative Phase, in der eine biblische Geschichte bear-
beitet wird, dann einen Mini-Gottesdienst mit Liedern, einer Geschichte und Gebet, und dann vor allem: Es wird
viel und lange zusammen gegessen.[72]
Ich möchte hier einmal zusammenfassen, was mich daran
besonders beeindruckt; es sind fünf kurze Gedanken – im
Schnelldurchgang:

› Erstens: *Die Entstehung einer „Fresh Expression" ist ein
geistlicher Vorgang.* Graham Cray hat es auf bestimmte
Begriffe gebracht.[73] Es beginnt mit *„listening"*, mit Zuhören: Wir hören auf Gott, wir hören auch auf die
Menschen in unserem Umfeld. Und wir fragen: Was
will Gott von uns? Wo öffnet sich hier eine Tür? Es
geht weiter mit *„serving"*, mit Dienen: Wir wollen nicht
nur eine gute Nachricht bringen, wir wollen eine gute
Nachricht sein. Wir möchten ernsthaftes Interesse zeigen und uns hilfreich einbringen. Und dann geht es

---

72 Vgl. Locy Moore: Messy Church. Fresh Ideas for Building a
Christ-centred Community, Abingdon 2006.
73 Vgl.   http://www.freshexpressions.org.uk/about/introduction
(aufgesucht am 5.3.2011). Dort finden sich alle Texte, auf die in dieser Übersicht verwiesen wird.

um „*discipling*", darum, mit Menschen das Leben in der Nachfolge und die Nachfolge im konkreten Leben einzuüben. Alles andere, Fragen nach Liturgie, nach Struktur usw. kommt erst danach. Die Entstehung einer „Fresh Expression" ist ein geistlicher Vorgang.[74]
- Zweitens: Darin eingewickelt ist schon ein zweiter Gedanke: *Es gibt keine Schnittmuster. Es gibt keine Modelle, die man nur kopieren müsste.* Natürlich gibt es Bausteine, die sich an vielen Orten bewähren, wie z.b. Glaubenskurse, aber was vor Ort geschieht, entscheidet sich auch erst vor Ort. Es ist eine „lokale Theologie": Was verraten uns die biblischen Geschichten, wenn wir sie hier – und nirgends sonst – lesen und dabei hinhorchen, was Gott tun möchte? Es gibt keine Schnittmuster.
- Drittens: Darin eingewickelt ist schon ein dritter Gedanke, der sich häufig findet: *Wir sind bereit zu sterben.* Unsere Vorlieben, unsere Traditionen, unsere Vorstellungen von Gottesdienst und Gemeindeleben – alles steht auf dem Prüfstand. Das Weizenkorn fällt in einen neuen Boden, es stirbt, und dann erwächst neues Leben. Wir sind bereit zu sterben.
- Viertens: *Wir laufen nicht in die „Brücken"-Falle.* Die Brückenfalle funktioniert so: Die „Fresh Expression" ist ja nur ein Übergang – eine Brücke eben, die nötig ist, bis die Leute auf der anderen Seite angekommen sind, beim Eigentlichen, in der Kirche, wie wir sie gewohnt sind und lieben. Die Leute lassen das auch nach meiner Erfahrung nicht mit sich machen. Sie lassen sich nicht, um es bildhaft auszudrücken, vom Hausarzt zum Facharzt überweisen, also von der missionarischen Auffangstation zur eigentlich zuständigen Ortsgemeinde. Nein, „Fresh Expressions" sind kein „Half-Way-House", sie sind schon das Haus der Gemeinde. *„The aim is not to provide a stepping stone into existing church, but to form new churches in their own right",* sagt Graham Cray. „Fresh Expressions" sollen das Potenzial haben, reife, eigenständige anglikanische Gemeinden zu werden. Es klappt nicht immer, aber oft, und wenn es nicht klappt, hat man doch gelernt.
- Fünftens: Dahinter stehen zwei sich oft gut ergänzende Kräfte, nämlich zum einen *junge, dynamische Bewegungen*, die sich ermutigt fühlen, Neues zu wagen, oft

74 Vgl. auch Steven Croft: Evangelism in a Spiritual Age. Communicating Faith in a Changing Culture, London 2006.

auch junge Pfarrer, die kein traditionelles Pfarramt an-
treten, sondern ein „Pioneer Ministry" anstreben. Dahinter stehen zum anderen *Bischöfe, die solche Projekte
anregen und unterstützen, visitieren und verteidigen.
Geistliche Leitung in der Kirche als Ermöglichung fri-
scher Unternehmungen.* Geistliche Leitung in der Kirche nicht als bürokratische Regelmaschine. Zur Weisheit des Aufbruchs im Vereinigten Königreich gehört es
auch, Altes und Neues beieinander zu halten. Weder
ist das Neue zu verhindern, noch ist das Alte aus dem
Weg zu räumen. Vielmehr geht es eben um eine „Mixed
Economy", eine Mischwirtschaft aus Altem und Neuem.
Schon aus Gründe der Mission braucht es ja eine Vielfalt von Möglichkeiten, dem Evangelium zu begegnen,
in der Parochie wie in einer „Fresh Expression", im traditionellen Eucharistiegottesdienst wie in einer „Messy
Church".
Mich hat es sehr beeindruckt, wie ein junger Pfarrer, Mar-
tyn Snow, in der Gemeinde Christ Church Pitmoor (Sheffield) uns sagte, er habe den alten Gemeindegliedern, als
er anfing, versprochen: „Ich pflege die Eucharistiefeier am
frühen Sonntagmorgen mit aller Liebe weiter. Und Ihr erlaubt mir, um 11 Uhr für die vielen jungen Familien,
manche mit vielfältigem Migrationshintergrund, einen
neuen Gottesdienst zu beginnen – und Ihr helft mir und
betet dafür." Das ist im Kleinen, was im Großen eine
„Mixed Economy" heißt.

**Zweites Kapitel: Die innere Logik der Entwicklung missionarischer
Gemeinden**

Das war die Pflicht, jetzt kommt die Kür. Das erste war ein
„Update", jetzt kommt das Herzstück dessen, was ich heute sagen möchte.
Haben Sie sich eigentlich mal gefragt, warum in der Wer-
bung für diese Konferenz immer Pinguine auftauchen? Ich
bin auf die Suche gegangen und fand die Lösung in einer
kleinen Geschichte: Sie handelt von der Notwendigkeit
und der Bereitschaft zum Wandel, und davon, dass beides
nicht immer beieinander ist:
Es war einmal ein großer Eisberg, und auf dem Berg waren viele Pinguine. Wo man auch hinsah, waren Pinguine,
denn es gab fast keine andere Art von Tieren oder Vögeln
auf dem Berg. Die Pinguine hatten schon seit vielen, vielen Jahren auf dem Berg gelebt, viel länger, als sich die

ältesten Pinguine zurückerinnern konnten. Das Leben war gut: Es gab viele Fische, und selbst vor den größten Stürmen waren sie geschützt. Es gab zwei kluge Pinguine, die Wissenschaftler waren. Mit weißen Mänteln und ernsten Gesichtern hantierten sie mit Thermometern und Linealen und sahen sich genauer an, worauf sie da standen. Dann rannten sie zwischen den anderen Pinguinen umher und quakten: „Meer wärmer, Eis dünner... Meer wärmer, Eis dünner". Eine Gruppe unter den Pinguinen kehrte den beiden ärgerlich den Rücken und erklärte: „Unsinn, wir glauben euch nicht. Euer Thermometer irrt sich. Geht weg." Eine andere Gruppe sagte: „Das liegt an dem ganzen Müll. Wir stellen einfach Mülleimer auf dem ganzen Eisberg auf, und jeder muss genau darauf achten, seinen Müll in den richtigen Eimer zu werfen. Das wird die Erwärmung stoppen. Wir brauchen uns also keine Sorgen zu machen." Eine weitere Gruppe hielt sich die Flossen vor die Augen und klagte immer wieder: „Das passiert ja gar nicht, das passiert ja gar nicht!" Andere falteten ihre Flossen und beteten und beteten ... Aber eine weitere Gruppe sagte: „Der Eisberg schmilzt, aber im Meer um uns ist doch viel Treibgut. Lasst uns Flöße bauen und schauen, ob Pinguine auch anderswo leben können. Pinguine müssen nicht auf einem Eisberg leben."[75]

Wie aber kann der Wandel beginnen? Wenn wir einsehen (und nicht noch einmal all die garstigen Zahlen und Prognosen hervorkramen!), dass die Kirche sich wandeln muss, wenn sie die Kirche für das ganze Volk bleiben oder erst wieder werden möchte, dann stellt sich doch diese Frage: Wie kann das zugehen? Hat das eine innere Logik jenseits der Modelle, Programme und Beispiele? Ich glaube: ja! Und ich beginne mit einem ganz und gar altmodischen, banalen Bild: Es ist entscheidend, wie man seine Jacke knöpft. *Wenn man den ersten Knopf falsch knöpft*, wird alles schief, und man sieht komisch aus.

Überhaupt nicht banal ist die Frage, womit die Entwicklung missionarischer Gemeinden beginnt. Beginnen wir mit der Kirche, dann ist die Kirche unser Thema, und wir kümmern uns um das Wohlergehen, den Bestand oder auch nur die Rettung unserer Kirche. Beginnen wir mit der Mission, so könnte es passieren, dass sich die Mission verselbstständigt. Das Resultat ist eine verwilderte, verbiesterte Mission, die z.B. ihr Heil darin sucht, Menschen zu überwältigen. Kirche und Mission können nicht unser

75 Zitiert von John Finney: To Germany with Love, 59-60.

erstes Thema sein. Es ist zwar viel Wahres an der Erkenntnis von „Mission-shaped Church": „*Wer Kirche als Ausgangspunkt nimmt und mit ihr startet, dem wird wahrscheinlich die Mission verloren gehen. Wer mit der Mission startet, wird vermutlich die Kirche finden.*"[76] Aber es ist nach meiner Überzeugung noch nicht die ganze Wahrheit. Wenn es um die Erneuerung der Kirche geht, und wenn es wirklich um die Entwicklung und das Wachstum gesunder Gemeinden geht (egal in welchem Strukturmodell – noch einmal: egal, ob in einer klassischen Ortsgemeinde oder in einer hippen und coolen „Fresh Expression"), dann geht es darum, hier die Dinge in die richtige Reihenfolge zu kriegen. Und ich meine, diese Reihenfolge kann nur so aussehen: Zuerst geht es darum, dass wir wie die ersten Jünger uns rufen lassen: „bei ihm zu sein" (vgl. Mk 3,14). Dann geht es darum, in seiner Nähe zu lernen, wozu und wie (und wozu nicht und wie auf keinen Fall) Mission geschieht. Und dann geht es darum, Gemeinschaften von Menschen zu formen, die den Glauben an Jesus teilen, Gott anbeten und mit ihren geistlichen Gaben der Welt dienen. *Zuerst Jesus, dann seine Mission in die Welt und dann die Kirche bzw. unsere Gemeinde.* Das ist die innere Logik der Entwicklung missionarischer Gemeinden. Im Markusevangelium geht das so: „Jesus setzte zwölf ein, die er Apostel nannte, dass sie bei ihm sein sollten und dass er sie aussendete zu predigen, und dass sie Vollmacht hätten, die bösen Geister auszutreiben" (Mk 3,14f). Bei ihm sein – ausgesandt werden.

Es geht hier um mehr als um eine erbauliche Auskunft oder gar um eine irgendwie verdächtig pietistische Jesus-Frömmigkeit. Es geht darum, ob wir ein Evangelium haben oder nur uns selbst. Es geht darum, ob wir Vollmacht haben oder nur unsere Anstrengung. Es geht darum, ob wir Hoffnung haben für andere Menschen und uns selbst oder erbärmlich mit uns allein gelassen sind. Es geht darum, ob es Kraft zur Versöhnung gibt oder nur unseren elenden Streit. Es geht darum, ob wir wissen, wem Mission und Kirche gehören und wem nicht.

Kürzlich wurden bei einer Andacht auf einer Tagung zwei Lieder gesungen, und ich dachte: Das ist es! Elisabeth Crucigers Choral „Herr Christ, der einig Gotts Sohn" war das erste.[77] Elisabeth Cruciger stammt aus Pommern und lebte im Haushalt von Johannes Bugenhagen. Sie dichtete

---

76 Michael Herbst: Mission bringt Gemeinde in Form, 131.
77 EG 67, 1 und 2-3.

über Jesus: „Er ist der Morgenstern, sein Glänzen streckt er ferne vor andern Sternen klar." Und dann geht es zur Sache: *„Für uns ein Mensch geboren, im letzten Teil der Zeit, dass wir nicht wärn verloren vor Gott in Ewigkeit, den Tod für uns zerbrochen, den Himmel aufgeschlossen, das Leben wiederbracht."* Das haben wir an ihm! Das gilt jedem Menschen, ob er es weiß oder nicht. Und dann sagt sie: *„Lass uns in deiner Liebe und Kenntnis nehmen zu, dass wir am Glauben bleiben, dir dienen im Geist so, dass wir hier mögen schmecken dein Süßigkeit im Herzen und dürsten stets nach dir."* Darum geht es, für uns und jeden, zu dem uns Gottes Mission sendet. Und dann kam das zweite Lied: „Such wer da will ein ander' Ziel".[78] Daraus nur eine Zeile: *„Ach sucht doch den, lasst alles stehn, die ihr das Heil begehret."* So kommt alles, was wir brauchen, in unsere Mission und zu unserer Kirche: Mut und Freude und Phantasie und Liebe und die Bereitschaft zu sterben und neues Leben. Ohne Jesus sind wir nichts, mit ihm können uns die Pforten der Hölle nicht überwinden. Darum: „Ach sucht doch den, lasst alles stehn!" Wie hieß es in den „Fresh Expressions": Es beginnt mit „listening".
Darum möchte ich diese innere Logik der Entwicklung missionarischer Gemeinden noch etwas genauer durchbuchstabieren. Ich tue das in zwei Abschnitten, und ich tue es mit der Frage, wie denn bei uns Gemeinde 2.0 entstehen kann.

Erstens: The King's Speech – oder: Jesus und seine Mission

Ich beziehe mich dabei auf einen der großen biblischen Abschnitte, in denen es um die Kirche geht.[79] Es ist die Frage Jesu an seine Jünger, für wen ihn die Leute halten, und dann an Petrus, für wen ihn denn die Jünger halten. Und Petrus sagt in einem für seine Verhältnisse unglaublich klaren Moment: *„Du bist Christus, des lebendigen Gottes Sohn"* (Mt 16,16). Und nachdem Petrus Jesus bekannt hat, für wen er ihn hält, sagt Jesus Petrus, für wen er sich in Zukunft halten soll: *„Du bist Petrus, und auf diesen Fels will ich meine Gemeinde bauen, und die Pforten der Hölle sollen sie nicht überwältigen"* (Mt 16,18). Das ist „the

78 Vgl. EG 346,3.
79 Einige Überlegungen in diesem Abschnitt verdanke ich einer Predigt von John Ortberg über Mt 16,13-20 am „Vision Sunday" in Menlo Park Presbyterian Church am 20.9.2010.

king's speech". Das sind natürlich Worte, deren Auslegung ganze Bibliotheken füllen und zu heftigen Auseinandersetzungen führen. Ich will mich auf eine Überlegung konzentrieren.
Matthäus berichtet, dass sich diese Begebenheit in der Gegend von *Caesarea Philippi* ereignete.[80] Das ist ziemlich weit vom Weg ab, das ist vor allem heidnisches Land. Religiös völlig verseucht. Augustus ließ sich als Sohn Gottes verehren. Pan wurde hier verehrt, der Gott des Waldes und der Natur, aber auch des Todes, der Pan-ik auslösen kann. Und hier entspringt einer der Quellflüsse des Jordan. Dort gab es auch ein lang gestrecktes, rötliches Felsmassiv mit zahlreichen Grotten und Nischen, das als Heiligtum des Gottes Pan diente. Wenn Jesus hier sagt: „Auf diesen Fels will ich meine Gemeinde bauen", dann tritt er in einen Widerspruch zum ambivalenten Wesen des launischen Gottes Pan. „Und wenn Jesus hinzufügt, dass die Pforten der Hölle diese Gemeinde nicht überwältigen werden, dann geht der Blick in Caesarea Philippi unwillkürlich zur dunkelsten und tiefsten Höhle des Pan-Tempels".[81] *Die Pforten der Hölle werden die Gemeinde nicht überwältigen.* Genau in ihrem Angesicht baut Jesus seine Gemeinde. Das sagt Jesus an einem heidnischen Ort, einem Ort, wo es von Religion nur so dampft. Dort baut er seine Gemeinde. Seine Gemeinde zieht sich also angesichts der Tore des Hades nicht zurück. *Sie ist nicht die Kirche, die sich hinter die sicheren Tore zurückzieht.* Jesus hat von seinem Vater die Schlüssel des Himmelreichs bekommen. Das erschließt sich darum Menschen, wohin er kommt und wohin er seine Gemeinde sendet.
Anders gesagt: *Jesus ist dort, wo die „Pforten der Hölle"* *sind,* wo Gottes Liebe nicht erfahren wird und wo Gier und Neid zu Tugenden geworden sind, die verehrt werden. Er ist dort, wo Kinder vernachlässigt werden, wo Arme im Stich gelassen und Schwache an den Rand geschoben werden. Er ist da, wo man sein Wort nicht kennt und in Einsamkeit umkommt. Er ist da, wo Hochleistung angebetet wird und Menschen nicht mehr mitkommen. Er ist da, wo sich starke, aktive Menschen danach sehnen, etwas zu haben, wofür es sich lohnt, sich zu verausgaben. Er ist

---

80 Vgl. die Auslegung von John Nolland: The Gospel of Matthew (The New International Greek New Testament Commentary), Grand Rapids und Cambridge 2005 , 654-683.
81 Carsten Peter Thiede: Wer bist du, Jesus? Schlaglichter auf den Mann, der in kein Schema passt, Basel /Gießen 2000, 29.

da, wo kluge Skeptiker nachts nach einem Halt fragen, wenn alles hier zu Ende geht. Er ist da, wo die Pforten der Hölle Menschen attackieren und binden, und er hat die Schlüssel des Himmelsreichs. Er ist da, wo es an Wohl und Heil mangelt. *Folgen wir Jesus, dann brechen manche Gegensätze in sich zusammen.* Sollen wir eher etwas für Kinder in Not tun und für die Armen in unserer Nähe, oder sollen wir die gute Nachricht bezeugen und zum Glauben einladen? Es ist sehr schwer, in der Nähe Jesu zu sein und dann eines zu tun und das andere zu lassen. Sollen wir uns für die Erhaltung der natürlichen Lebensgrundlagen einsetzen oder lieber für die Evangelisierung der entkirchlichten Menschen? Sollen wir den Kranken beistehen und für gute Schulen kämpfen oder Gemeinden entwickeln? Es ist sehr schwer, in der Nähe Jesu zu sein und ihm nicht zu folgen, wenn er heilt, tröstet, befreit, speist, herauslockt aus dunklen Bindungen – und dabei immer, immer den Menschen in ein neues Verhältnis setzt zum Vater im Himmel. Es ist ziemlich anstrengend, in der Nähe Jesu zu sein und ihm nicht zu folgen, wenn er um das vertrauensvolle Ja zum Glauben von Menschen wirbt und zugleich immer ihre Bindung an den Götzen Mammon oder ihre religiöse Arroganz oder ihr ungeklärtes Verhältnis zum anderen Geschlecht in Frage stellt. Und natürlich bleibt es so: Es nützte dem Menschen gar nichts, die ganze Welt und alles Wohl zu gewinnen und Schaden an seiner Seele zu nehmen – das ist das kleine sachliche „Prae" der Einladung zum persönlichen Glauben –, aber darum verliert es nicht an Gewicht und Bedeutung, dass es Jesus um Erbarmen und Gerechtigkeit für Menschen geht, deren Leben in einer gefallenen Welt schwer und riskant und bedrohlich und notvoll ist. *Folgen wir Jesus, dann findet das zusammen, nicht additiv, sondern integrativ, nicht wie zwei friedlich nebeneinander her lebende Nachbarn, sondern wie ein Fleisch, das Gott zusammenfügt und wir nicht scheiden sollen.*

Das ist „The King's Speech", und diese Anspielung an den großartigen Film mit Colin Firth ist mehr als ein Hinweis auf meine Kino-Versessenheit. Denn noch etwas wird deutlich: Der hier die Schlüssel des Himmelreichs hat und jede Furcht vor den Toren der Hölle nimmt, kommt nicht bis an die Zähne bewaffnet. Auch wenn es etwas martialisch klingt, wenn er von Sieg und Niederlage redet, ist es doch ganz anders. *Dieser König kommt in Demut und menschlicher Gestalt.* Wie George VI. die Liebe des englischen Volkes erwarb, weil er ein König in menschlicher Schwachheit war, so kommt der König Jesus, der es nicht für einen Raub hielt, Gott gleich zu sein, sondern sich selbst entäußerte und Knechtsgestalt annahm.[82] Er siegt, als er am Kreuz stirbt. *Er bezwingt das Böse, indem es sich an ihm austobt und erschöpft.*

Folgen wir diesem König, kann unsere Mission nur Maß nehmen an dieser bescheiden-liebevollen, vollmächtig-ohnmächtigen Art des Königs. Wir dienen und herrschen nicht. Wir stellen uns zur Verfügung und bezeugen das aufrichtige Interesse Jesu an jedem Menschenleben. Wir geben die Kirche aus der Hand – sie ist seine Kirche und nicht unser Besitz.[83] Wir sind uns nicht zu schade zu dienen. Wir können lernen, christentümliche Größe abzugeben und auf privilegierte Positionen zu verzichten. Wir träumen nicht von unserer Größe, aber davon, dass der Name Jesus bei den Menschen einen guten Klang hat. Wir müssen keine glanzvollen Positionen beziehen, um den Menschen nah zu sein. Wir gehen denen nach, die sonst übersehen werden. Wir nehmen in Kauf, dass man uns nicht immer sehr ernst nimmt. Wir nehmen in unserer Mission Maß an Jesus, denn Mission folgt Jesus, Missiologie folgt Christologie.

Zweitens: Der ganz große Traum – oder: Das Angesicht einer erneuerten Kirche

Eine kleine Geschichte zum Entspannen vor dem nächsten schwergewichtigen Thema: Manche Berufe und manche Taten fordern Mut, denn sie sind nicht ohne Risiko. Eine Frau ruft den Mechaniker an, weil die Spülmaschine nicht mehr funktioniert. Sie muss zur Arbeit, als der Mechaniker kommt, also sagt sie ihm: „Bitte reparieren Sie die Spülmaschine, legen Sie die Rechnung auf den Tisch und ziehen Sie einfach die Tür hinter sich zu. Ach ja, und machen Sie sich keine Sorgen um meinen Rottweiler, der wird Sie in Ruhe lassen. Nur – ganz gleich, was Sie tun – sprechen Sie nicht mit meinem Papageien." In der Wohnung sitzt der größte und grimmigste Rottweiler, den der Mechaniker je gesehen hat. Aber er liegt nur da und schaut zu. Aber der Papagei krächzt die ganze Zeit, ohne Unterbrechung, völlig nervig, bis der Mechaniker es einfach nicht mehr aushält und den Papageien anbrüllt, er

---

82 Vgl. Phil 2,5-11.
83 Vgl. dazu auch John Finney: To Germany with Love, 114.

solle endlich still sein. Darauf der Papagei: „Fass, Brutus!"[84]

Manche Berufe und manche Taten fordern Mut, denn sie sind nicht ohne Risiko. Aber vielleicht ergeben sie sich nun auch ganz folgerichtig: Wenn wir zuerst auf Jesus Christus sehen und ihn hören, wenn uns dann deutlich wird, was er tut und woran er uns beteiligt, dann wird uns auch klar werden, was wir als Kirche sein sollen, vielleicht aber auch, was nicht mehr wichtig und vorrangig ist, sondern durchaus geopfert und preisgegeben werden kann. Freilich: Das kostet Mut und ist nie ohne Risiko. Dennoch: Aus Christologie folgt Missiologie, aus Missiologie Ekklesiologie. Jetzt erst geht es um Gemeinde und Kirche. Gemeinde und Kirche sind nicht Themen erster, sondern dritter Ordnung, aber dann kommen sie zu Ehren. Gemeinde und Kirche sind dann aber auch nicht um ihrer selbst willen da, sondern um Christi und seiner Mission willen. Der Satz aus „Mission-shaped Church" ist jetzt auch in seinem zweiten Teil durchzubuchstabieren: *„Wer Kirche als Ausgangspunkt nimmt und mit ihr startet, dem wird wahrscheinlich die Mission verloren gehen. Wer mit der Mission startet, wird vermutlich die Kirche finden."* Aber welche Kirche finden wir jetzt? Wie wird sie aussehen?

„Der ganz große Traum" – das ist der Film über Konrad Koch und den Weg, den der Fußball von England nach Deutschland nahm. Was wäre denn ein Traum von Kirche? Wie wird unsere Gemeinde nicht zu einem Albtraum? Wie sieht sie aus, die Kirche von morgen? Ich kann hier nur einige Andeutungen machen. Und ich konzentriere mich darauf, was Gemeinde 2.0 aus England lernen kann. Ich wiederhole nicht, was wir schon als kleines 1x1 der Gemeindeentwicklung kennen und oft gehört haben, also z.B. wie wichtig persönliche Beziehungen und wie erfolgreich Glaubenskurse sind.

Stattdessen möchte ich einen zentralen Gedanken über die mittlere und obere Leitungsebene unserer Kirchen sagen und dann fünf Sätze zur Gestalt von Gemeinden, von denen ich träume.

Was geistliche Leitung tun kann

Wie sieht ein gutes Zusammenspiel von jungen, risikobereiten Bewegungen und Gruppen in der Kirche und Kirchenleitung aus? Mit Kirchenleitung meine ich jetzt die mittlere Ebene der Dekane und Dekanatssynoden, aber

---

84 Aus dem Kalender „A joke a day".

auch die landeskirchliche Ebene mit Bischof, Kirchenleitung, Oberkirchenrat und Landessynode. Was kann der Beitrag „von oben" sein? Hier kommen wir bei den Hardcore-Fragen an: Und die erste Hard-core-Frage ist, ob es uns gelingt, *Strukturfragen in der Kirche als geistliche Fragen* zu begreifen. Dann können wir nicht länger jammern, wenn wir uns mit Strukturen beschäftigen müssen, können sie aber auch nicht so anschauen, als ob sie jenseits der geistlichen Frage nach der Mission unserer Kirche beantwortet werden könnten. Und das ist schwer, wenn Entscheidungen auch Mehrheiten brauchen und auf Zustimmung pluraler Interessenvertreter angewiesen sind. Dennoch gibt es ja noch Spielräume, auch für Investitionen. *Es ist ja so, dass wir uns noch bewegen können.* Noch ist die Kirche vor allem im Westen so aufgestellt, dass sie aus eigener Kraft Akzente setzen kann. In den schmerzhaften Strukturanpassungen wäre darum ein doppelter Mut vonnöten: zum einen der Mut zum Nein, also zum Verzicht, zum Sterbenlassen (dann aber bitte mit Sterbebegleitung und Zeit zum Trauern), d. h. zum Lassen. Zum anderen der Mut zum Experiment. *Kirchenleitung als Ermutigung zum Wagnis*, das ist die englische Lektion. Und das bedeutet für die Entwicklung der Gemeindelandschaft: *Mut zu etwas mehr „Unordnung".* Unordnung, weil es neben den vielen parochialen Gemeinden und funktionalen Diensten auch „Fresh Expressions" geben müsste. Kirchenleitung kann solchen „Fresh Expressions" einen Platz zuweisen. Sie kann ermutigen, hier und dort geradezu wie Headhunter nach Pionieren suchen, die etwas Neues wagen. Sie kann das anstreben, was in England *„Mixed Economy"* heißt, *eine Mischwirtschaft parochialer und nicht-parochialer Gemeindeformen. Und das in „versöhnter Verschiedenheit".* Wenn wir eine immer pluraler werdende Gesellschaft mit dem Evangelium erreichen wollen, wenn wir also wirklich Volkskirche sein wollen, dann brauchen wir nicht nur eine Form von Gemeinde, sondern viele Formen von Gemeinde. *Den Anspruch, für alle da zu sein, erfüllen wir nicht, wenn wir nur Gemeinden haben, die nur für manche und zwar immer dieselben „manchen" da sind.* Und dann dürfen die regionalen und netzwerkartigen neuen Gemeinden nicht verächtlich auf die parochialen alten Gemeinden und die funktionalen Dienste schauen. Dann sind wir an einer Aufgabe beteiligt – eben eine „Mixed Economy". Und die Leitung der Kirche koordiniert diese „Mixed Economy". Sie wird zum Beispiel Kriterien aufstel-

len, wann eine Initiative wirklich als kirchliche „Fresh Expression" gelten kann. Ich würde fünf Kriterien nennen:
› Erstens: Sie muss einen klaren missionarischen Fokus haben, sich also einer bestimmten außenorientierten Aufgabe verschreiben und nicht nur der Hort einer bestimmten Frömmigkeit sein, die hier ihre Nische sucht.
› Zweitens: Sie muss eine erkennbare Leitung haben, die nach innen führt und nach außen rechenschaftsfähig ist. Diese Leitung muss nicht hauptamtlich sein. Überhaupt ist es wichtig, neue Formen gemeindlichen Lebens nicht doch wieder in das System der Ortskirchengemeinde zu pressen, insbesondere bei der Trinität von Pfarramt, Kirchgebäude und agendarischem Gottesdienst – getragen von der Kirchensteuer.
› Drittens: Sie muss die Aussicht auf Dauer gewähren, d. h. für eine gewisse Zeit die Kraft haben, verlässlich zu tun, was sie sich zu tun vorgenommen hat.
› Viertens: Sie muss mindestens einen erheblichen Teil dessen, was sie tut, selbst finanzieren können oder Zugang zu verlässlichen und verantwortbaren Ressourcen haben.
› Fünftens: Und sie muss erkennbar die Marke „evangelisch" vertreten, und d. h. an ihrer Bindung an das Bekenntnis und an ihrer Loyalität zur Kirche keinen Zweifel lassen.
Wenn das gegeben ist, wäre es geistliche Leitung für die Kirche der Zukunft, wenn leitende Geistliche einer solchen Initiative Platz schaffen in der Kirche: *nicht als Brückenlösung, sondern als eine werdende Gemeinde, die das Zeug hat, im vollen Sinn Gemeinde in der Landeskirche zu werden.* Wenn das geschehen soll, wird Visitation wichtig. Visitation 2.0 begleitet dann solche Aufbrüche von Ortsgemeinden, regionalen Zusammenschlüssen und netzwerkartigen Bewegungen. Begleitung bedeutet: Unterstützung und Rückendeckung, Ermutigung und Korrektur, ein wenig finanzielle Anschubfinanzierung, Fürbitte und Weiterbildung. Das wäre in diesem Stück geistliche Kirchenleitung. Und wir brauchen das: Es gibt Initiativen, die nirgends als in der Landeskirche „Fresh Expression" sein möchte, aber der notorische Parochialismus wird zuweilen zum unüberwindbaren Hindernis; mit Zähnen und Klauen wird dann bekämpft, was nicht als Ergänzung, sondern als Konkurrenz und Bedrohung verstanden wird. Dass es umgekehrt auch die Arroganz der Innovativen gibt, die nicht respektiert, was oft an schwerer, treuer Arbeit in

traditionellen Gemeinden geleistet wird, ist leider auch wahr.
Und nun – wie versprochen – fünf Sätze zur Gestalt von Gemeinden – zum Träumen, egal ob „Fresh Expression" oder traditionelle Ortsgemeinde, einfach: Gemeinde in der „Mixed Economy":

Fünf Sätze zur Gestalt der Kirche

>*Erstens: Die Gemeinde wird belebt vom unternehmerischen Mut derer, die sie leiten und in ihr mitwirken.*

Sie verlässt die Komfortzone. Sie verweigert sich den eben letzten Worten einer Kirchengemeinde: „Das haben wir schon immer so gemacht!" Anders gesagt: An einer Stelle, die ihr im Hören auf Gott und die Menschen aufgegangen ist, *riskiert sie einen Dienst, der ohne Gottes Mitwirken nur schief gehen kann.* Sie dient also in Abhängigkeit: „Ohne mich könnt ihr nichts tun", sagt Jesus[85]. Sie tut etwas Neues, geht in ein fremdes, aber vielleicht benachbartes Milieu, beginnt eine Arbeit mit Kindern im Plattenbau, riskiert es, einige ihrer besten Mitarbeiter in einen neuen Dienst, in eine „Fresh Expression" zu entsenden. Sie ermutigt und ertüchtigt die Berufstätigen immer mehr, im Feld des weltlichen Berufes etwas für das Reich Gottes zu tun. Bei alledem nimmt sie das Thema „Geld" ganz neu ernst. *Die Christen als Anteilseigner der Gemeinde investieren ihr Geld in Reich-Gottes-Initiativen.* Das ist unternehmerischer Geist: Es geschieht etwas, das ohne Opfer nicht funktioniert. Die Identifikation mit diesem Dienst wird eine ganz andere sein. Kirchensteuer hat uns lange sehr gedient, aber sie ist auch eine sehr kühle Art des Gebens. Unternehmerischer Mut ist das erste Merkmal der Gemeinde, von der ich träume. Sie fühlt sich wohl, wenn Dinge sich wandeln. Sie hat ein entspanntes Verhältnis zu Fehlern und zum Scheitern. Sie konzentriert sich auf das, was sie als ihre Kernkompetenz erkennt. Sie agiert eben unternehmerisch.

>*Zweitens: Die Gemeinde hat ein hohes Maß an Phantasie für eine kultursensible Evangelisation.*

Ich bin seit langem davon überzeugt, dass wir in Sachen „Evangelisation" noch nicht wirklich phantasievoll genug sind. Wir haben vor allem mit „ProChrist" und mit der Glaubenskursinitiative viel Wertvolles – aber noch nicht

---

85 Joh 15,5.

genug. Wenn wir mit unseren evangelistischen Ideen im Schnitt 20 % kirchendistanzierte Menschen erreichen, ist das gut. *Aber wir erreichen manche eben noch gar nicht, reichen in viele Milieus nicht hinein.* Wir sprechen nicht die Sprache. Wir wissen nicht, welche Geschichten man sich erzählt. Wir wissen nicht, nach welchen Spielregeln kommuniziert wird. Wir wissen nicht, was anzieht und abstößt. Wir wissen nicht, an welchen Orten und zu welchen Zeiten Menschen sich öffnen. Wir haben Probleme, überhaupt Kontakt zu bekommen. *Wir brauchen dringend Ideen – auch für evangelistische Veranstaltungen, denn man kann nicht die ganze Last dem alltäglichen Zeugnis der Christen zuschieben.* Wo können Menschen den fröhlichen und so notwendigen Wechsel vom Nicht-Glauben zum Glauben erleben? Ich könnte mir vorstellen, dass es kleine Formate sein könnten, dass sie sich rund um Mahlzeiten formen, ich könnte mir vorstellen, dass deutlich mehr künstlerische Elemente in den Vordergrund treten. Ich könnte mir auch vorstellen, dass sich die Jesus-Erzählung noch enger mit den seelsorglich-diakonischen Diensten verknüpft. Ich formuliere es als Herausforderung: Hier braucht es ein hohes Maß an Phantasie!

Drittens: Die Gemeinde ist in ihrem Umfeld berühmt für ihr authentisches Engagement für die Armen.
Vielleicht ist es nicht mehr nötig zu sagen, dass dieses Engagement nur dann authentisch ist, wenn es um der Menschen und aus Erbarmen für mehr Gerechtigkeit geschieht. Ich erinnere uns an die anglikanische Logik: *zuerst hören, dann dienen und in diesem Dienst auch Menschen einladen, Jünger zu werden.* Wo Menschen um ihrer selbst willen geliebt werden und Christen zugleich für das Evangelium brennen, öffnet eines die Tür für das andere: die Tat für das Wort und das Wort für die Tat. Eine Wohnung haben wir angemietet bei uns im Plattenbauviertel: Eine Studentin wohnt da, es gibt einen Raum für Gemeindearbeit, auch eine Küche. Essen ist so wichtig. Ein paar Mitarbeiter, etliche Studenten, bieten eine Kinderstunde an. Es geht darum miteinander zu essen, Obst, eine Ersterfahrung für viele, beides: Obst und an einem Tisch sitzen und essen. Die Kinder lernen, einfachste Regeln des Miteinanders einzuhalten. Daraus erwächst Schularbeitenhilfe, ein Gebet für das Stadtviertel, ein Weihnachtsgottesdienst, die Betreuung einer schwer traumatisierten jungen Frau, wer weiß, was noch. Wir wissen es nicht, warten aber, wo Gott die nächste Tür öffnet.

Viertens: Die Gemeinde investiert viel Mühe und Mittel in die Bildung ihrer Glieder im Glauben.
Auch das ist nun wahrlich nicht originell. Als ich zur Vorbereitung mir noch einmal angeschaut habe, was die anglikanischen Freunde zur Ertüchtigung der sogenannten Laien tun, habe ich aber gedacht: Ich muss es noch einmal sagen. Wir brauchen nicht nur Glaubenskurse. Das ist der erste Schritt. *Wir brauchen verschiedene Orte, gemeindliche und regionale und auch virtuelle Orte, an denen Christen das Rüstzeug für ihre Mission in der Welt bekommen.* Wir brauchen auch in der Landeskirche deutlich mehr geistliche Bildungsprogramme für das persönliche geistliche Leben, für den Zusammenhang von Beruf und Glauben, für die vertiefte Einsicht in die Bibel und die christliche Lehre, für die Mission der Gemeinde, für Führung und Leitung.

Fünftens: Die Gemeinde hat eine plurale geistliche Leitung. Und es leiten die, die zum Leiten begabt sind.
Ich bin davon überzeugt, dass *geistliche Leitung ein Schlüssel zur Erneuerung der Gemeinde* ist. Und geistliche Leitung meint nicht, dass Geistliche leiten oder der Pfarrer alles entscheidet, ohne die anderen fragen zu müssen. Es bedeutet aber, dass die leiten, die dazu begabt sind, sich bewährt und ihr Ego einigermaßen im Griff haben. Aus der Bildung der Christen im Glauben erwachsen die Leitungsteams, die wir in der Gemeinde brauchen. Diese Teams sind es, die die Gemeinde ermuntern und zurüsten, damit sie ihrer Mission in der Welt nachgehen kann. Peter Böhlemann hat nachgeforscht, *wie der Geist in der Bibel leitet.*[86] Grob gesagt, hat Leitung des Geistes drei Dimensionen: Sie ist erstens *visionär* und begeistert uns für das, was Gott mit dieser Welt vorhat. Sie *führt* uns zweitens in alle *Wahrheit,* vermittelt uns Kenntnis der Wahrheit, die einen klaren Kopf und ein brennendes Herz schenkt. Und sie *führt* uns drittens *zusammen,* macht aus uns vielen einen Leib, in dem jeder sich respektiert und gefordert weiß. *Anders gesagt, es gibt richtungweisend-visionäre Leitung (bei uns mit der Farbe rot), es gibt erkenntnisleitend-prophetische Leitung (blau) und gemeindegründend-partizipatorische Leitung des Geistes (grün).* Und wenn der Geist, wie er es gerne tut, durch Menschen leitet, dann haben wir es mit geistlicher Leitung zu tun. Da

---

86 Vgl. dazu und zum Folgenden Peter Böhlemann / Michael Herbst: Geistlich Leiten. Ein Handbuch, Göttingen 2011.

nun jeder Einzelne etwas von jeder Farbe abbekommt, aber eben der eine mehr von diesem, die andere mehr von jenem, braucht die Gemeinde mehrere, die leiten, mal mehr visionär, sodass die Gemeinde Mut bekommt zum Aufbruch im unternehmerischen Geist, mal mehr erkenntnisleitend, sodass die Christen zum Dienst zugerüstet und gebildet werden, mal mehr gemeinschaftsfördernd und seelsorglich, sodass die Christen auch einmal aufatmen und ausruhen und neue Kraft schöpfen. Es ist wie bei den Gnadengaben auch sonst: Gut, wenn es alles gibt, aber jedes hat seinen Schatten und darf darum nicht ohne das andere sein.

Drittes Kapitel: Das Gebet der Missionare

Dieses letzte Kapitel kann ich sehr kurz fassen. Als Gordon und Gail MacDonald bei uns in Greifswald waren und einen ganzen Samstagmorgen mit dem Leitungsteam der GreifBar-Gemeinde verbrachten, waren wir eigentlich ganz stolz über das, was wir präsentieren konnten an spannenden Projekten und Diensten, und auch darauf, dass jeder Bereich in der Gemeinde von einem Mitglied des ehrenamtlichen Leitungsteams verantwortet wurde. Und dann fragte Gail McDonald ganz unschuldig: *Und wer ist bei Euch für das Gebet zuständig?* Wer sorgt dafür, dass die Gemeinde und ihre Leitung das Gebet pflegen und schätzen? Stille. Fehlanzeige. In unserer wohl organisierten „Fresh Expression" ist niemand für Gebet zuständig. Vielleicht würden wir es nie zugeben, *aber unsere wahre Theologie zeigt sich ja nicht in dem, was wir von uns geben, sondern in dem, was wir tatsächlich tun und leben.* Unsere Theologie im Schaufenster sagt: „Wir wissen, dass der Herr die Kirche erhält und dass er die Gemeinde baut. Er sagt ja: ‚Ich will meine Gemeinde bauen!'" Unser Leben erzählt eine etwas andere Theologie: Wir müssen uns sehr anstrengen, und eigentlich ist es unsere Anstrengung, auf die es ankommt. Gewiss garnieren wir unsere Anstrengung mit Gebet. Aber wenn es hart auf hart kommt, dann zählt, dass wir uns Mühe geben. Nun meine ich in der Tat, dass exzellente Arbeit Jesus ehrt und unseren Nächsten überrascht. Nun bin ich tatsächlich überzeugt, dass der Geist Gottes synergetische Effekte über alles liebt, die er erzählt, indem er unsere Gaben unter seine Fittiche nimmt. Aber dennoch: Es ist am Ende sein Werk.

Gebet und Gemeinde 2.0 kann man darum nicht trennen. Man kann es vielleicht, aber man kann es nicht ohne Schaden. Ich verweise darum am Ende auf das Gebet des Herrn, das er seine Jünger gelehrt hat. Manchmal bin ich im Blick auf die eigene Gemeinde so ratlos, dass ich nur noch diese Worte bete und dabei an die Gemeinde denke und sie dem hinhalte, den ich als Vater im Himmel anrufen darf:

‣ Manchmal, wenn ich predigen soll, wird mir flau zu Mute: Was wagst Du da eigentlich? Wer bist Du, von Gott zu reden, als säße er täglich bei Dir zum Kaffee am Tisch? Geheiligt werde dein Name.

‣ Manchmal bin ich so ernüchtert von all meiner Leitungskraft und Leitungsgewissheit, dass ich sage: Jetzt wäre es besser, Herr, wenn mal Dein Wille geschähe. Ich weiß es einfach nicht. Zeig, was Du willst. Am besten: Tu, was Du für gut erachtest.

‣ Manchmal hält mir Jesus den Spiegel vor, und ich merke: O weh, jetzt hast Du doch eher gewollt, dass Dein kleines Königreich komme. Es ist ja auch nett, wenn die Gemeinde wächst, mutige Projekte zustande bringt und in aller Munde ist. Mein Reich komme, und es wachse, und mit ihm mein guter Ruf. Aber: Dein Reich komme, Deine Gemeinde, Deine Ehre, Dein guter Ruf, Deine Sehnsucht, dass es gut und heil werde mit den Menschen.

‣ Manchmal reicht es nicht, nicht an Kraft und schon gar nicht an Menschen, die mithelfen und anpacken. Unser täglich Brot, Vater, auch für die Gemeinde.

‣ Manchmal merke ich, wie viel Geduld Gott mit mir und mit uns braucht. Dass sein Erbarmen jeden Tag neu ist, das hält uns auf dem Weg. Und das Schwerste vielleicht: beieinander bleiben, den anderen tragen und ertragen, wie er mutmaßlich mich trägt und erträgt. Vergebung nicht nur für mich, Vergebung und Versöhnung untereinander. Wir müssen ernst nehmen, welches Hindernis für das Wachsen der Gemeinde die hartleibige Unversöhnlichkeit unter uns ist.

‣ Und eines noch, wenn ich schon bei so merkwürdigen Dingen bin. Was hält die Gemeinde noch auf – außer dem notorischen Streit? Gewiss, wenn ich mal wieder mein Reich kommen lassen möchte, auch wenn ich mal wieder nicht vergeben will. Aber manchmal ist das noch etwas, im Epheserbrief heißt es, das seien die „feurige Pfeile des Bösen" (Eph 6,16). Ich bin weit von einem Weltbild entfernt, das überall den Teufel hocken sieht. Aber ich werde nachdenklich, wenn ich sehe, wie ernst die Zeugen des Neuen Testaments, die doch um den Sieg des Auferstandenen wussten, die Attacken des Bösen nahmen. Mancher Widerstand, manche Hemmung, mancher Knoten, der sich nicht löst, manches, was uns das Leben sauer macht – manches! Führe uns nicht in Versuchung, sondern erlöse uns von dem Bösen. Nimm uns unter Deinen Schutzmantel.

› Und dann mir fast schon wieder zum Trost bete ich: Denn Dein ist die Kraft. Du kannst das, bist ja der Vater im Himmel. Und darum am Ende: Dein ist die Kraft und darum auch das Reich und die Herrlichkeit. So endet das Gebet, und dann kann ich ja gleich mit aufhören. Herzlichen Dank für Ihre Aufmerksamkeit.

Autoren und Herausgeber

The Rt Revd **Graham Cray**

wurde im Jahr 2001 zum Bischof von Maidstone geweiht und leitet seit Mai 2009 das „Fresh Expressions"-Team in der Church of England. Er hatte den Vorsitz der Arbeitsgruppe, die den „Mission-shaped Church"-Report verfasste. Vor seiner Berufung ins Bischofsamt war er 14 Jahre Gemeindepfarrer in York und wurde später Rektor des Ridley Hall College in Cambridge. Intensiv beschäftigt er sich mit der Frage, wie das Evangelium kultur- und gesellschaftsrelevant kommuniziert werden kann. Graham Cray ist verheiratet und hat zwei Töchter.

The Rt Revd **Steven Croft**

wurde im Jahr 2009 zum Bischof von Sheffield geweiht, nachdem er zuvor den Aufbau des „Fresh-Expressions"-Teams begleitet hatte. Nach 13 Jahren Gemeindeerfahrung als Pfarrer in Ovenden leitete als Rektor das Theologische Seminar der Church of England in Durham. Seit dieser Zeit publiziert er viel über die Frage, wie die Kirche einen neuen Zugang zu den Menschen finden kann, die überhaupt keine Kontaktfläche mehr zu ihr haben. Steven Croft war von 1996 bis 2002 Mitglied der Steuerungsgruppe der anglikanischen Church-Planting-Initiative und ist Co-Autor des Emmaus-Glaubenskurses. Er ist verheiratet und hat vier Kinder.

Landesbischof Dr. **Ulrich Fischer**

ist seit 1998 Bischof der Evangelischen Landeskirche in Baden. Nach seiner Promotion im Fach Neues Testament arbeitete er von 1976 bis 1979 als Vikar und Pfarrvikar in Sandhausen. Daran schlossen sich zehn Jahre als Gemeindepfarrer in Heidelberg an, bevor er 1989 zum Landesjugendpfarrer gewählt wurde. 1996 übernahm er als Dekan die Leitung des Kirchenbezirks Mannheim. Ulrich Fischer ist Vorsitzender des Präsidiums der Union Evangelischer Kirchen in der EKD und seit Oktober 2009 Mitglied im Rat der EKD. Er ist verheiratet und hat drei Kinder.

Landesbischof Dr. h.c. **Frank Otfried July**

ist seit 2005 Bischof der Evangelischen Landeskirche in Württemberg. Nach einer Zeit als wissenschaftlicher Assistent an der Evangelisch-theologischen Fakultät in Heidelberg arbeitete er von 1987 bis 1996 als persönlicher Referent der Landesbischöfe Hans von Keler, Theo Sorg und Eberhardt Renz. Danach war er neun Jahre lang Direktor und erster Pfarrer des Evangelischen Diakoniewerks Schwäbisch Hall. Im Jahr 2008 wurde ihm die Ehrendoktorwürde der Evangelisch-theologischen Fakultät Tübingen verliehen. Seit 2010 ist er Vizepräsident des Lutherischen Weltbundes. Frank Otfried July ist verheiratet und hat vier Kinder.

Prof. Dr. **Heinzpeter Hempelmann** MA

ist Philosoph, Theologe und Pfarrer der Evangelischen Landeskirche in Württemberg. Seit 2009 arbeitet er als Theologischer Referent im EKD-Zentrum für Mission in der Region in Stuttgart. Er ist Herausgeber der Theologischen Beiträge und hat zahlreiche Veröffentlichungen zur Frage von Glaube, Kirche und Evangelium im Horizont der Postmoderne publiziert. Heinzpeter Hempelmann ist verheiratet und Vater von zwei Kindern.

Prof. Dr. **Michael Herbst**

ist Pfarrer und seit 1996 Professor für Praktische Theologie an der Ernst-Moritz-Arndt-Universität Greifswald. Seit 2004 ist er gemeinsam mit Jörg Ohlemacher Direktor des Instituts zur Erforschung von Evangelisation und Gemeindeentwicklung. Er ist Herausgeber der Theologischen Beiträge und Mitglied im International Research Consortium for Congregational Studies sowie im Theologischen Ausschuss der VELKD. Seit April 2009 ist er Prorektor der

Universität Greifswald und zuständig für den Bereich Studium und Lehre. Michael Herbst ist verheiratet und hat vier Kinder.

Markus Weimer M.Th.

ist Pfarrer der Evangelischen Landeskirche in Baden. Nach dem Theologiestudium in Tübingen, Glasgow (Schottland) und Heidelberg arbeitete er von 2005 bis 2007 als Lehrvikar in Neuenburg am Rhein. Daran schloss sich die Zeit als Pfarrvikar in Stockach am Bodensee an. Seit September 2008 arbeitet er als Dozent für Praktische Theologie im Albrecht-Bengel-Haus in Tübingen und promoviert über den Transformationsprozess innerhalb der Church of England hin zu einer „Mission-shaped Church". Markus Weimer ist Leiter des Netzwerks churchconvention und Mitglied im Milieu-Schulungsteam der Badischen Landeskirche. Er ist verheiratet und hat zwei Kinder.

Weitere Informationen zur Konferenz Gemeinde 2.0:
www.gemeindezweinull.org
Hier finden sich auch alle Videos der Hauptvorträge, E-Magazine und vieles mehr.

Außerdem liegt seit 2006 die deutsche Übersetzung des Reports „Mission-shaped Church" vor:
Michael Herbst (Hg.): Mission bringt Gemeinde in Form (BEG-Praxis), Neukirchen-Vluyn 3. Aufl. 2008.

Geschichten und Beispiele von „Fresh Expressions of Church" finden sich auf den (englischen) Websites www.freshexpressions.org.uk und www.shareguide.org.